LA

MOSCOVIE

ET

L'EUROPE

ÉTUDE HISTORIQUE, ETHNOGRAPHIQUE ET STATISTIQUE

PAR

A. CHARLIER DE STEINBACH

Prix : 1 fr. 25 c.

PARIS

E. DENTU, LIBRAIRE-ÉDITEUR

GALERIE D'ORLÉANS, 17 ET 19, PALAIS-ROYAL

1863

LA
MOSCOVIE

ET

L'EUROPE

ÉTUDE HISTORIQUE, ETHNOGRAPHIQUE ET STATISTIQUE

PAR

A. CHARLIER DE STEINBACH

PARIS

E. DENTU, LIBRAIRE-ÉDITEUR

GALERIE D'ORLÉANS, 17 ET 19, PALAIS-ROYAL

—

1863

SOMMAIRES

—

INTRODUCTION.

La France dans la question polonaise. La Moscovie et sa puissance. — Importance des travaux de MM. Viquesnel et Duchinski. — Les Moscovites plus dangereux par ce qu'ils sont, que par leur nombre. Le Dniéper limite de l'Europe slavo-germano-latine. — Le panslavisme ruiné en France. La carte ci-jointe.

I. — ORIGINE DES MOSCOVITES.

Erreur du général Rybinski. — M. Emile de Girardin. — Commencement de l'Etat russo-varègue sous Vladimir le Grand. — Deux cent mille Varègues en Ruthénie au XIIIe siècle. — Opinion de Karamsin sur les Finnois de la Klasma. — Les peuples nomades changent facilement de langue. — La langue moscovito-slave. — La principauté de Souzdal. — Guerres des princes de Souzdalie contre les Slaves. — Sac de Kiew. — Résistance de Novgorod. — Les princes de Moscovie établissent leur domination autocratique avec l'aide des Mongols.

II. — RAPPORTS HISTORICO-POLITIQUES, STATISTIQUE.

Importance de la statistique, comme élément de critique, d'après M. Duchinski. — Division des populations de l'empire russe sous le point de vue des rapports historico-politiques. — L'Etat moscovite commence dans le grand-duché de Souzdalie, tandis que la nationalité moscovite commence dans les khanats de Sibérie, de Kasan et d'Astrakan. — Les Ruthènes unis complétement avec les Slaves de la Vistule avant l'union politique au XIVe siècle. — Les Petits-Russes. — Les Kosaks.

III. — CHRISTIANISME DES MOSCOVITES.

Usurpation d'un titre par l'Eglise gréco-moscovite. — Le schisme oriental. — Nombre d'évèchés en Ruthénie. — Leurs noms. — Les Ruthènes catholiques avant l'invasion mongole. — Etat de l'Eglise ruthène et de l'Eglise moscovite à cette époque. Concile de Florence. — Vassilii l'Aveugle. — Les Mongols favorisent le schisme. — Pierre Ier abolit le patriarcat. — Les tzars souverains arbitres de la foi. — Le tzar l'égal de Dieu. — Moyens de propager l'Evangile employés par les Moscovites. — Le pope russe. — Le secret de la confession. — La religion gréco-moscovite n'est chrétienne que de nom. Deux cents sectes en Moscovie.

IV. — CARACTÈRE PHYSIQUE ET MORAL DES MOSCOVITES.

Le Moscovite au physique. — Sa nourriture. — Sa boisson. — Habitations. — Villages. — Vêtements. — Le Moscovite a tous les caractères des peuples nomades. — Il est voleur. — Le palais de l'archevêque de Varsovie en 1839. — Le mensonge en Moscovie. — L'ignorance. — Tableau de l'état de l'instruction. — Superstition. — Haine des Moscovites pour le latin. — Les universités de Vilna et de Varsovie. — La sainte Moscovie. — La Moscovie arbitre de l'Europe pendant cinquante ans. — La révolution en Europe, c'est la Moscovie. — Mort de Pierre III. — Les Orloff. — Paul Ier étranglé par Pahlen, Beningsen, les Zouboff. — Les Raskslniks. — Les Moscovites sur les frontières de la Bohême et de la Silésie. — Le Rhin.

—

LA MOSCOVIE ET L'EUROPE

L'Angleterre, l'Autriche peuvent ne pas voir, dans ce qui se passe actuellement en Pologne, une question d'intérêt européen ; la France, pour rester fidèle à sa politique traditionnelle, doit désirer, vouloir le rétablissement de la Pologne. Voulant cette reconstitution, la France, avec Napoléon III et le bon droit, est assez forte pour l'effectuer.

Henri IV et Sully, admettant la Pologne dans la fédération européenne dont ils excluaient la Moscovie; Colbert, disant qu'il était prêt à sacrifier sa fortune, les biens de sa femme et de ses enfants pour l'indépendance de la Pologne, prouvaient qu'ils comprenaient l'importance de ce boulevart contre les invasions de l'Asie.

Talleyrand, en 1814, écrivait à M. de Metternich que : *la question la plus exclusivement européenne était celle qui concerne la Pologne.* L'état dans lequel la France était tombée ne lui permit pas de défendre efficacement les intérêts de cette valoureuse nation.

Aujourd'hui, au nom de la justice, au nom des droits historiques, au nom surtout de l'indépendance de l'Occident, il faut arrêter la Moscovie. Personne ne peut accuser l'auteur de l'*Histoire du Consulat et de l'Empire* d'être un esprit chimérique et trembleur. Voici ce qu'il écrit sur le développement formidable de l'empire moscovite : « Lorsque le colosse russe aura un pied aux Dardanelles, un autre sur le Sund, le vieux monde sera esclave, la liberté aura fui en Amérique. Chimères aujourd'hui pour les esprits bornés, ces tristes prévisions seront un jour cruellement réalisées; car l'Europe, maladroitement divisée, comme les villes de la Grèce devant les rois de Macédoine, aura probablement le même sort (1). »

La tentative de Nicolas a échoué en 1854. Grâce aux secours de la France et de l'Angleterre, l'empire turc n'est pas devenu une province moscovite. Laissons écraser la Pologne et nous verrons s'il s'écoule dix ans avant une nouvelle phase de l'éternelle question d'Orient. Ne pas vouloir faire la

(1) Thiers, *Histoire du Consulat et de l'Empire*, tome VIII, page 448.

guerre aujourd'hui, c'est se la préparer plus longue et plus terrible dans un avenir prochain.

Initié à l'histoire du monde slave par les circonstances de notre vie, par la traduction des *Antiquités slaves* de Schafarik, nous croyons pouvoir apporter le contingent de nos connaissances dans le but de jeter quelque lumière sur cette grave question *polonaise,* ou, comme un écrivain éminent l'a appelée, *européenne.*

Malgré le nombre et le mérite des publications sur ce sujet, nous ne croyons pas que ces quelques pages seront inutiles, car elles envisagent la question sous une face nouvelle.

Nous avons lu avec le plus vif intérêt l'ouvrage de M. A. Viquesnel(1), enrichi des notes et des recherches de M. Duchinski (de Kiew) auquel les ethnographes allemands ont donné le nom de continuateur de Schafarik. Auditeur assidu du cours que M. Duchinski a fait au *Cercle des Sociétés Savantes* (1861-1862), nous partageons aujourd'hui ses convictions sur la nationalité des Moscovites. Nous croyons pouvoir hautement avancer et prouver que les Moscovites ne sont pas Slaves. Le savant professeur emploie pour prouver cette proposition, une série nombreuse de preuves ou d'éléments de critique. Les données de M. Duchinski ont servi de point de départ et de bases à différentes publications d'un mérite éminent qui complètent et propagent tous les principes de son enseignement. Il est vrai que tous ces auteurs n'ont pas jugé à propos d'indiquer la source où ils avaient puisé. Les limites dans lesquelles nous sommes obligés de nous renfermer eu nous permettent pas de recourir à tous ces éléments de critique; nous ne nous servirons que de ceux qui nous ont le plus frappé, tels que les origines, les rapports historico-politiques, la religion, le caractère moral et physique.

Les Moscovites d'origine touranienne sont par là même plus dangereux qu'ils ne le sont déjà par leur nombre (environ 40 millions); car ils sont essentiellement nomades, envahisseurs et apparentés aux peuples de l'Asie centrale.

La Pologne, qui jadis a servi de barrière aux envahissements des Mongols, des Musulmans, doit encore aujourd'hui servir de rempart à l'Europe contre les tentatives de ces faux Européens appelés Russes. Mais cette Pologne, pour être à la hauteur de son rôle ou plutôt de sa sainte mission, doit être un état fort avec les limites orientales que la nature lui a tracées, — le bassin du Dnieper. En effet, les provinces qui lui ont été enlevées en 1772 forment avec elle et avec le reste de l'Europe un tout homogène. Partout, dans les Ruthénies et la Nouvelle Russie même, jusqu'à Smolensk et Ekaterynoslaw, nous retrouvons la civilisation slavo-germano-latine, avec toutes ses tendances, exerçant son influence bienfaisante partout et sur tous.

Le ministre de l'instruction publique, en introduisant dans le programme des lycées un chapitre consacré à l'étude du panslavisme, lui a porté un coup mortel. Les études historiques sur les origines des peuples ont marché de front avec les droits des nationalités, ou plutôt elles ont préparé les voies à la revendication de ces droits. Nul ne sait mieux que M. Duruy que les Moscovites ne sont pas Slaves. Nous avons sous les yeux un atlas publié par lui à l'époque où il enseignait l'histoire au collége Henri IV. La carte de l'Europe assigne dans cet atlas, pour limites orientales aux Slaves, le bas Dniéper, en plaçant, comme MM. Karamsin, Viquesnel et Duchinski, les Mouroma, les Mera, les Vesses au nombre des peuples finnois. Les professeurs d'histoire, pour se rendre un compte exact de la question, pourront consulter avec fruit l'ouvrage de M. Viquesnel. Ils y trouveront de

___

(1) *Appendice au voyage dans la Turquie,* chez Gide.

nombreuses raisons assez puissantes pour faire crouler par la base l'échafaudage élevé par Catherine II, malgré tous les soins que ses successeurs, aidés des historiens ou ethnographes moscovites, ont apportés pour le consolider.

Le peuple moscovite, bien connu pour ce qu'il est en réalité, c'est-à-dire un peuple de Tourano-Finnois et de Tourano-Tatares, ne sera plus pour l'Europe cette terrible épée de Damoclès. Si la Moscovie entreprend de franchir ses frontières pour s'avancer contre l'Occident, celui-ci, la Pologne en tête, se lèvera dans une nouvelle croisade pour lui résister et sauver, avec la liberté, la vieille civilisation slavo-germano-latine.

L'Europe diplomatique doit suivre avec intérêt les impressions que produit sur les Polonais et les Moscovites l'enseignement du savant de Kiew, sur l'unité des habitants, paysans et nobles, du bassin du Dniéper avec l'Europe latino-germaine et sur l'unité des Moscovites, nobles et paysans, avec les Touraniens Chinois, dans tous leurs besoins ressortant des origines, des caractères de civilisation et des traditions historiques. Il faut que l'Europe diplomatique sache bien que cet enseignement ne crée rien de nouveau. L'auteur, comme le dit M. Viquesnel, n'a fait que *formuler en système, en doctrine raisonnée ce que tout le monde pressentait, et ce que les savants constataient même par quelques points* (comme le ministre actuel de l'instruction publique dans ses cartes du moyen âge). Ce système, cette doctrine ne sont plus aujourd'hui à M. Duchinski; ils appartiennent à tout le monde. Ils forment une *réalité* contre laquelle viendront se briser les baïonnettes, les canons rayés et tous les artifices des diplomates les plus consommés. Il faut que ces diplomates oublient les traités qui les empêchent d'entendre la voix de la science. Les Polonais, voyant la légitimité de leurs aspirations prouvée par la science, sont plus forts à défendre leurs droits sur le bassin du Dniéper, tandis que les Moscovites voient la ruine complète de toutes leurs prétentions sur ces mêmes contrées, prétentions qu'ils fondaient sur l'ethnographie, la configuration du sol, sur l'hydrographie et les traditions historiques.

Le lecteur, pour se familiariser avec les noms, fera bien de jeter un coup d'œil sur la carte qui se trouve à la fin de ces pages. C'est, en substance, la même que celle de Karamsin; elle diffère très-peu de celle de M. Duruy, qui admet les Viatitches au nombre des Slaves, tandis que, sur l'autorité de Müller et Schlötzer, nous les regardons comme Touraniens. Les frontières de l'islamisme montrent que les Mourom, quoique payant tribut aux princes Rurikowitsches en 1223, étaient encore musulmans. Les frontières des Tourano-Juifs sont basées sur ce fait que, jusqu'au XVIe siècle, les Bourtas, les Khasares et autres tribus touraniennes professaient le judaïsme.

I

Origine des Moscovites.

Il a été, dans ces derniers temps, beaucoup écrit sur cette partie du sujet qui nous occupe. Nous n'avons pas la prétention de faire mieux que les écrivains qui nous ont précédé; mais les erreurs concernant l'origine des Moscovites sont tellement répandues et soutenues avec tant de ténacité qu'il est bien permis de mettre quelque persévérance à soutenir les vrais principes, dût-on répéter ce que d'autres ont dit.

On ne peut guères s'étonner de voir ces erreurs répandues chez nous; mais comment se fait-il que tant de Polonais regardent encore aujourd'hui les Moscovites comme des frères d'origine? Non contents de voir en eux des Slaves, quelques-uns vont jusqu'à les faire descendre des Polonais. C'est avec regret que nous avons vu cette opinion partagée par l'illustre général Rybinski (1). Si quelques milliers d'envahisseurs varègues sont les fondateurs de la principautéde Souzdalie, si à ces Varègnes on peut ajouter quelques autres milliers de colons qui se sont dispersés dans les vastes régions de la Moscovie, les uns et les autres ont bientôt été absorbés par les indigènes touraniens, comme nous le verrons par le simple exposé des faits. L'erreur dans laquelle tombe le général Rybinski a été partagée par plusieurs écrivains. Nous croyons que c'est sur elle que M. de Girardin e base pour produire sa formule connue : *La Pologne libre dans la Russie libre.*

Le nom de Russés que prennent aujourd'hui les Moscovites est un nom usurpé aussi bien que leur prétendue nationalité slave. Jusqu'au XVIII⁰ siècle ils n'avaient été connus en Europe que sous le nom de Moscovites. Jusqu'à la même époque on leur avait, d'après les anciens chroniqueurs, donné une origine finnoise et tatare. Catherine II adopta le nom de *Rossiani*, et déclara solennellement que les Russes étaient un peuple européen. Les savants, les historiens, qui voulurent protester, furent soumis à de véritables persécutions. Nous ne voulons pas ici raconter toutes les avanies que l'on fit subir à ces savants, nous nous contenterons de rapporter ce qui arriva à Trédiakowski, secrétaire perpétuel de l'Académie de Saint-Pétersbourg. Ce nouveau confesseur de la vérité historique, ayant soutenu que les Roxolans n'étaient pas les ancêtres des Varègues Russes, des Russines ou Ruthènes et des Moscovites prenant le nom de Russes, fut battu de verges publiquement, à deux reprises différentes, et de plus souffleté par le comte Volynski, grand dignitaire de la cour.

Il est possible que si le grand Voltaire avait connu les traitements

(2) *La Pologne et ses frontières*, pages 63-64.

faisait subir aux académiciens, sous Élisabeth, il aurait recherché avec moins d'empressement la faveur insigne de faire partie de ce corps savant.

Nous nous proposons d'énumérer, dans une autre publication, les causes des erreurs qui se sont propagées en Europe concernant l'histoire des Moscovites ; nous allons aujourd'hui esquisser leur histoire, ce qui suffira pour prouver à nos lecteurs que les Russes ou Russines (Ruthènes) et les Moscovites sont deux peuples entièrement différents l'un de l'autre.

Ce n'est point à Rurik qu'il faut faire remonter la fondation de l'empire moscovite. Ce chef normand Varègue, avec ses frères Sinéus et Truwor, ne peut pas même être considéré comme le fondateur de l'État normand-slave-ruthène. Car aussi bien que ceux qui vinrent après lui, tels qu'Oleg, Igor Swiatoslaw, ce ne fut qu'un chef d'aventuriers dont la domination fut toujours contestée par les Slaves. La résistance de ceux-ci fut telle que Swiatoslaw voulut entièrement quitter les bords du Dniéper et s'établir en Bulgarie, attiré par la douceur du climat et la variété des productions du sol. L'empereur Zimiscès parvint à le repousser. Le véritable fondateur de l'État normand-ruthène est saint Wladimir, mort l'an 1015.

La majorité de la tribu des Varègues Russes avait accompagné Rurik et ses frères Sineus et Truwor. M. Duchinski admet comme probable au xiiie siècle le nombre de 200 000 Varègues Russes, en comprenant dans ce nombre les femmes et les enfants comme descendants des Varègues venus avec Rurik, Sineus et Truwor au ixe siècle et dans les siècles suivants. M. Solowiew dit que les Russes ont disparu dans la masse de leurs sujets. C'est tout naturel, mais cette fusion n'eut lieu qu'au xive siècle. Cela est important à constater, car ce n'est que la domination des Varègues qui empêchait l'union entre les Slaves du Dniester, du Dniéper avec leurs frères de la Vistule. Les descendants de ces Varègues, mêlés avec les Slaves indigènes, s'unirent avec la Pologne au xive siècle et devinrent nobles polonais. Les historiens polonais modernes ont donc tort de rejeter de leur histoire, celle de la Ruthénie avant l'union.

A partir de l'établissement de l'État russe sous Wladimir le Grand, 1015 à 1224, année de la première invasion des Mongols, les frontières de l'empire des princes rurikowitsches ne s'étendirent à l'est que jusqu'à l'Oka. Ils soumirent au nord les Novgorodiens et les autres Slaves des bassins du Dniéper et du Dniester, de même que les Viatitsches, les Méra, les Vesses et les Mouroma, tribus touraniennes de la Moscovie. Les princes rurikowitsches avaient obtenu ces résultats sur des tribus peu guerrières, avec le secours de leurs compagnons varègues ou normands qui se trouvaient vis-à-vis d'eux dans une situation à peu près pareille à celle des guerriers francs, à l'égard des rois de la dynastie mérovingienne, partageant avec eux l'autorité souveraine. Les Varègues Russes, dans les premiers temps de leur séjour chez les Slaves, formaient seuls le conseil ou *droujina* du prince. Peu à peu ils se confondirent avec les indigènes par des mariages facilités sous l'influence de la religion chrétienne et de la langue nationale adoptée par les vainqueurs ; la communauté de dangers de la part de Touraniens de la Moscovie, et plus tard, la nécessité de réunir toutes les forces de la nation contre les Mongols achevèrent la fusion, ce qui n'eut lieu, comme il vient d'être rappelé, qu'au xive siècle.

Les princes rurikowitsches, comme les Mérovingiens et les Carlovingiens, partageaient leurs États entre tous leurs enfants mâles. Cette coutume amena le morcellement de la grande principauté de Kiew et l'établissement d'une multitude de principautés presque toujours en guerre les unes contre les autres. Cet état de choses dura jusqu'au moment où les Slaves, revenant à leurs aspirations, cherchèrent à renouer politiquement avec leurs frères de la Vistule, des relations qui n'avaient été interrompues que par la conquête des Varègues, car les Slaves de la Vistule avaient un gouvernement national sous la dynastie des Piast.

Les possessions des princes rurikowitsches, qui ne formèrent jamais un État proprement dit, restèrent pendant cinq siècles au pouvoir de ces princes; c'est ce que M. Duchinski, avec M. Pogodine, appelle *la période normande dans l'histoire des Slaves Ruthènes*; ces principautés s'unirent avec la Pologne au xiv° siècle. Nous devons noter ici que le duché de Polotsk n'avait fait que quelques années partie de ces possessions, et que bientôt il était retourné à la descendance de Rohvolod, mis à mort par Wladimir le Grand.

Avant le xiv° siècle, une branche des descendants de Rurik forma un nouvel État connu d'abord sous le nom de principauté de Souzdalie, de Vladimirie et enfin de Moscovie. La signification de Moscou ou Moscovites, ou Moskals chez les Slaves, ou Mohcha, est le séjour du chef de la horde d'or ou horde principale. Cet état moscovite diffère essentiellement du premier État russo-slave dont nous venons d'esquisser l'histoire. Dans cet État prédominent les races turque et finnoise, qui forment la presque totalité de la population. Il est pourtant incontestable que c'est le berceau de l'empire moscovite actuel.

Les vastes contrées qui s'étendent du bas Dniéper, de l'Oka et de la Twertsa aux monts Ourals, renferment comme population des tribus ou nations qui portaient autrefois des noms différents et dont les principales étaient, comme on a vu : les Vesses, les Méra, les Mouromiens, les Mordwiens, les Tschérémisses, les Petschénègues, les Khwalisses, les Bulgares, les Nogaïs, les Ouzes, les différentes tribus de Kosaks, que plusieurs auteurs regardent à tort comme des paysans ruthènes fugitifs. Toutes ces tribus étaient touraniennes. Karamsin, loin d'attribuer une origine slave aux habitants actuels de l'ancienne Souzdalie, constate que : « L'œuvre principale du règne de Rurik fut la forte union de quelques tribus finnoises avec les Slaves; de sorte que les Vesses, les Mériens, les Mouromiens se changèrent *enfin* en Slaves, en acceptant leur langue et leurs coutumes. » D'après la remarque de M. Viquesnel, l'auteur ne dit pas que ces Finnois ont adopté les *mœurs* des Slaves; et, en effet, ces deux peuples diffèrent encore aujourd'hui essentiellement à ce point de vue (1).

Tous ces peuples connus de nos jours sous le nom de Grands-Russes ou Moscovites sont chrétiens ou à peu près et parlent la langue moscovito-slave, mais ils n'en sont pas plus Slaves pour cela. La langue et la religion ne leur ont pas ôté les caractères propres de leur origine touranienne. Mais la langue et la religion ont reçu l'empreinte de leur origine d'une manière frappante.

On a constaté déjà, dans l'antiquité, que les peuples nomades changeaient avec une merveilleuse facilité leur langue propre pour une autre. Ce fait avancé et prouvé par M. Duchinski dans les notes qu'il a fournies à M. Viquesnel pour l'*Appendice du Voyage dans la Turquie*, se trouve confirmé dans l'ouvrage du colonel Lapinski : *Trois années au Caucase* (2). D'après cet ethnographe, plusieurs tribus circassiennes, à peine converties depuis trente ans au christianisme, ne parlent plus aujourd'hui que le moscovito-slave. D'après d'autres données, qui méritent toute confiance, il paraît certain qu'avant un siècle, les populations touraniennes de l'Amour ne parleront plus d'autre langue que la langue moscovito-slave. Ce n'est pas avec une pareille facilité que les peuples indo-européens abandonnent leur langue maternelle pour une autre. Nous n'avons qu'à prendre l'Alsace pour exemple. Depuis bientôt deux cents ans, cette province fait partie intégrante de l'empire français; la population active, intelligente, guerrière, porte jusqu'au fanatisme l'amour de la patrie; l'instruction y est plus répandue que partout ailleurs en France, et cependant on ne peut encore

____

(1) *Appendice au voyage dans la Turquie*. Paris, 1862.
(2) *Drei Jahre im Kaukasus*. Hambourg, 1863.

assigner une époque dans l'avenir, où la langue française remplacera l'allemand.

Les Lusitzes de la haute et basse Lusace, entourés d'Allemands de tous côtés, séparés de la mère-patrie depuis plus de huit siecles, ont conservé leur langage slavon. Nous devons remarquer ici, au sujet de la langue slave des Moscovites, que : 1° du temps de Nestor, les habitants de la Souzdalie (les Vesses et les Mériens) ne parlaient pas slave; 2° qu'il se conserve en Souzdalie une langue non slave, appelée improprement artificielle (offenski); 3° qu'il y a plus de quinze millions de Moscovites qui parlent simultanément le slave et leur langue nationale.

Il faut chercher les raisons de ce phénomène dans le caractère opposé des deux familles, dont la première, celle des Indo-Européens, essentiellement sédentaires, agriculteurs, est attachée au sol natal par le sentiment de la propriété sous toutes les formes, et l'autre, celle des Touraniens, nomades, industriels, se transporte sans répugnance d'un point à un autre, ne tenant pas plus au langage qu'à la propriété du sol.

- Le fait de l'extension d'une langue slave, *sans aucun dialecte* comme on le voit sur la carte ethnographique de Schafarik, sur toute l'étendue de la Moscovie, est donc loin de prouver l'origine slave, par conséquent indo-européenne des populations de ce vaste empire.

La langue actuelle des Moscovites porte le cachet de l'origine ouralienne, des peuples qui parlent cet idiome slavon. Les princes normands ou rurikowitsches et leur droujina slavonisés, ainsi que les missionnaires slaves, portèrent dans ces contrées du nord l'idiome cyrillien ou liturgique qui servit à y répandre la religion chrétienne. Les Moscovites ne purent développer cet idiome, appris dans les livres saints, que d'après le génie des langues touraniennes, ce qui explique pourquoi le moscovito-slave, en usage de nos jours, est le plus impur de tous les idiomes slavons, et *constitue la branche orientale par excellence*, comme le dit Schafarik dans son histoire des langues et littératures slaves.

Les plus célèbres philologues slavons, Ostènek, Sresnewski, Pawski, sont d'accord avec Schafarik sur ce point, et reconnaissent que le moscovite forme à lui seul une unité très-caractérisée parmi les autres langues slavonnes. Ceux qui ont cru voir une grande ressemblance entre la langue moscovito-slave et la langue ruthène, n'ont pas vu, de plus, que les Moscovites ne prononcent pas les mots comme ils les écrivent.

Les actes politiques des princes de Souzdalie, qui deviendront bientôt grands princes de Moscovie, prouvent d'une manière évidente qu'ils règnent sur des peuples d'autre origine que ceux qui sont gouvernés par leurs frères, les princes rurikowitsches régnant à Novgorod, sur le Dniester et le Dniéper.

André de Bogolub, nommé Kitan ou Chinois, fils de Georges Dolgoruki, à peine installé par son père, développe le gouvernement autocratique. Non-seulement il ne rencontre point de résistance, mais il répond ainsi à un besoin qu'éprouvent les populations touraniennes de son nouvel État. Les Slaves du Dniester, du Dniéper, ceux de Novgorod, de Pskow, détestent le joug autocratique, mais les Touraniens de la Moscovie l'aiment : ce qui ferait le bonheur d'un autre peuple exaspère celui-ci. Aveuglés par leur idolâtrie monarchique, à genoux devant l'idole politique qu'ils se sont créée, les Moscovites, non-seulement ceux du temps d'André de Bogolub et d'Ivan le Terrible, mais ceux de nos jours même, ne peuvent comprendre que le respect pour la justice, que le culte de la vérité, importent plus à tous les hommes, y compris les Touraniens Finnois, que le sort de la Moscovie.

A partir de ce moment, les Rurikowitsches qui règnent sur la Klazma n'ont plus rien de commun avec ceux du Dniéper et du Dniester. Forts de l'aveugle obéissance de leurs sujets tourano-finnois, ils se jettent sur les Slaves. « Le 8 mai 1169, André Jouriewitsch entre dans Kiew. Cette ville,

« qui renfermait les sanctuaires de la nation, les avait jusqu'alors conservés,
« inviolables : du haut de ses murs ses habitants avaient souvent combattu
« et repoussé l'ennemi. Le moment de sa chute était arrivé avec celui d'une
« horrible brutalité : les vainqueurs, oubliant entièrement qu'ils étaient
« Russes et qu'ils déchiraient les entrailles de leur mère commune, mirent
« tout à feu et à sang ; ils violèrent l'église de Sainte-Sophie, le vénérable
« temple de la dîme et le couvent de Petcherski, sanctifié par la sépulture
« des martyrs ; ils se gorgèrent de butin, dépouillèrent les images des saints
« et détruisirent par la flamme ce qui ne tentait pas leur avidité. André
« Jouriewitsch prit part à ces horribles méfaits et en recueillit tout l'avan-
« tage : Kief était désormais déchu de son rang et Vladimir, résidence
« d'André, allait s'enrichir de ses dépouilles (1). »

M. Schnitzler, auquel nous venons d'emprunter ce récit du sac de Kiew,
ne peut être soupçonné d'assombrir le tableau ; il cerche, au contraire, à
rendre cet acte de barbarie moins odieux, en l'attribuant à l'acharnement
de la guerre civile. Mais deux nations d'origine différente, quoique ayant
des princes de la même famille, ne se font pas de *guerre civile* en combat-
tant l'une contre l'autre.

Après avoir mis à sac la ville de Kiew, le fils d'André de Bogolub, suivi
de ses hordes touraniennes alléchées par le butin recueilli, porta, sur les
ordres de son père, ses armes contre Novgorod. Cette ville, après avoir souvent été en guerre avec ses voisins, s'était agrandie aux dépens des James
et autres tribus tschoudes.

En 1136, le prince Vsevolod fut déposé. Les Novgorodiens appliquèrent
alors le droit de choisir celui qui devait les gouverner, et même de limiter
son pouvoir comme ils le jugeaient nécessaire. Dès 1132, les *Poçadniks* ou
maires étaient électifs, et cette magistrature populaire jouissait d'une telle
importance que Jakoun Mieroslawitsch maria sa fille au prince de Novgorod
Mstislaw Rostislawitsch. C'était donc contre un État républicain que le
prince de Souzdalie allait essayer ses forces. Le fils d'André de Bogolub et
ses Souzdaliens furent cruellement déçus dans leurs espérances. Voici le
récit de Karamsin concernant cette entreprise. « Les citoyens de Novgorod
« jurèrent de mourir pour la liberté. L'archevêque Jean, accompagné de
« tout le clergé, prit l'image de la sainte Vierge et la porta sur les fortifi-
« cations extérieures. Au cri des combattants se mêlait le chant des hymnes.
« Le peuple priait en versant des larmes et s'écriait : *Seigneur, ayez pitié
« de nous !* Les Novgorodiens remportèrent la plus brillante victoire, et
« comme ils attribuaient leurs succès à une intervention miraculeuse de
« la sainte Vierge, ils instituèrent en son honneur une fête qui dut être
« célébrée solennellement tous les ans le 27 novembre. Les vainqueurs
« passèrent au fil de l'épée une foule de soldats et firent tant de prisonniers
« que, selon la chronique de Novgorod, on donnait dix Souzdaliens pour
« un grivna (petite pièce de monnaie). »

Nous devons constater ici deux faits qui ont bien leur importance :
1° depuis l'époque de la fondation de l'État moscovite autocratique et la
guerre de ces Moscovites contre les Slaves de Novgorod et du Dniéper jusqu'à l'époque de la première invasion des Mongols, il s'écoula un espace
d'à peu près cinquante ans ; 2° c'est la minorité du peuple moscovite de
nos jours, dont les pères se trouvaient au xiiie siècle sous la domination des
princes rurikowitsches. La majorité des Moscovites au delà de l'Oka et
ceux de la Kama étaient unis avec les Tatares de la Chine, même par les dy-
nasties jusqu'à la seconde moitié du xvie siècle.

Lorsque les Mongols apparurent en Europe, la politique autocratique des
grands princes de Moscou, loin de voir en eux des ennemis, les regarda

____

(1) Schnitzler, *la Russsie, la Pologne et la Finlande.*

comme d'un auxiliaire. Cependant, malgré leur refus de s'allier aux princes chrétiens leurs voisins, pour résister à l'invasion des Tatares, les souverains moscovites n'échappèrent pas aux hordes envahissantes. Dès 1237, la Moscovie tombait sous la domination des Khans pour y rester près de trois siècles. Remarquons que les contrées slaves, polonaises ou ruthéniennes, où les Tartares avaient mis le pied, parvinrent, en peu de temps, à éloigner ces barbares.

Il n'en fut pas ainsi en Moscovie. Recherchant, par de fréquents voyages à la horde, par des flatteries et de riches cadeaux, la protection des Tatares, les grands princes moscovites avaient obtenu de leurs vainqueurs la suprématie politique sur les autres princes rurikowitsches ; ils développèrent, de plus en plus, chez leurs sujets ouraliens, le système national de l'autocratie et du communisme, et contribuèrent ainsi à diviser en deux parties distinctes les anciens domaines de Vladimir et de Iaroslaw ; leur puissance, dans leurs possessions septentrionales, fut insuffisante pour comprimer les tendances de la civilisation indo-européenne des provinces habitées par des populations slaves (1).

Iwan III refusa, en 1480, de payer le tribut accoutumé aux Tatares, résolution qu'on attribue aux instances de sa femme, fille du dernier empereur de Constantinople. Iwan, dans une pensée profondément politique, avait fait venir de Rome, où elle vivait pauvre et ignorée, la princesse Sophie Paléologue pour en faire sa femme. Si les projets de l'empereur Nicolas sur le fameux *malade* de Constantinople n'avaient pas été détruits par l'intervention de l'Occident, il est probable qu'on aurait fait valoir les conséquences de cette union, malgré l'ancienneté de sa date. Ivan III eut la gloire d'affranchir la Moscovie de la domination de la horde tatare, que des divisions intestines avaient d'ailleurs affaibli. Il prit d'abord le titre de tzar emprunté aux khans. « Car ce titre n'est pas une abréviation du nom de César,
« comme beaucoup de savants le croient à tort. C'est un ancien nom orien-
« tal, que nous connaissons par la traduction slavonne de la Bible ; donné
« d'abord par nous aux empereurs d'Orient, et ensuite aux khans des Ta-
« tares, il signifie, en persan : *trône, autorité suprême*, et se fait remarquer
« dans la terminaison des noms des rois d'Assyrie et de Babylone, comme
« Phalassar, Nabonassar, Salmanazar, etc. Dans notre traduction de l'Ecri-
« ture sainte, on écrit Kessar au lieu de César, mais tzar ou czar est tout
« à fait un autre mot (2). »

M. Duchinski donne au mot de tzar la signification de : Seigneur des steppes.

Iwan III adopta l'aigle à deux têtes et se regarda comme le protecteur de l'Eglise grecque. Les Tatares une fois repoussés ou expulsés du territoire de la Moscovie, ce prince tourna son activité contre les pays slaves, non pour venger d'anciennes injures, mais pour donner occasion à ses sujets touraniens d'assouvir leur soif d'expéditions et de pillage. Il renouvela les traditions de guerre des Souzdaliens contre les Slaves d'avant l'invasion des Mongols. L'occasion ne tarda pas à se présenter. Les Novgorodiens ayant envoyé une ambassade à Moscou pour assister au sacre de leur archevêque, Iwan déclara à ces envoyés qu'il était content de leur ville, qu'il la regardait comme son héritage. Les ambassadeurs, de retour à Novgorod, causèrent une agitation facile à concevoir, en faisant connaître les prétentions du tzar. Un envoyé de Moscou étant venu les formuler clairement fut mis à mort. Iwan III marcha contre Novgorod ; cette république fut vaincue sur la Chelone, et consentit à payer un tribut. La malheureuse cité tourna alors ses regards vers la Pologne, qui, occupée dans ce moment des affaires de la Hongrie, de la Bohême et de la Turquie, ne put lui fournir de secours. Iwan, une seconde fois vain-

Viquesnel, *Appendice au voyage dans la Turquie*, page 579.
Karamsin, tome VI.

queur de Novgorod, fit déporter dans les solitudes de Mourom, de Nijni-Novgorod, plus de mille familles des plus riches de la république (1489). Novgorod, pendant le règne de Wassilii, successeur d'Ivan, semblait au moins respirer; mais un orage effroyable éclata bientôt sur elle. Le tzar moscovite, Iwan IV le Terrible, sous prétexte que l'archevêque entretenait une correspondance avec le gouvernement de la république de Pologne, se rendit en personne à Novgorod pour présider à l'exécution de ses vengeances. Au rapport des annalistes russes, le jugement dura près de six semaines; c'était peu de six cents exécutions par jour, ce chiffre dépassa souvent mille. Il n'y a donc rien d'exagéré en portant le nombre des exécutions à 30,000. Une étude très-remarquable, publiée par la *Revue des Deux-Mondes* (1er juin 1863), compte 60,000 exécutions. L'illustre cité cessa d'être. Des familles moscovites furent mises aux lieu et place des riches citoyens de Novgorod égorgés ou transportés au fond de la Moscovie. M. Schnitzler, qui rapporte, d'après Karamsin, les détails de cette exécution qui n'a pas sa pareille dans l'histoire, ne s'émeut que médiocrement de la manière de rendre justice d'Iwan le Terrible. Le sort de ces marchands indociles, portant l'audace jusqu'à résister au tzar de Moscou, ne pouvait qu'être mérité. Lorsqu'un prince, dans le cours d'une longue vie, s'est distingué par ses vertus, il est souvent arrivé que ses historiens ont rapporté que ses parents, au moment de sa naissance, l'avaient mis spécialement sous la protection de la Vierge ou de quelque saint. M. Schnitzler, à leur exemple, ne manque pas de nous raconter, au sujet d'Ivan le Terrible, que ses parents, quelques instants après son baptême, le déposèrent dans la châsse de saint Serge. Nous ne voyons pas, nous l'avouons, l'influence que ce grand saint a exercée sur Iwan IV, à moins qu'on ne prenne en considération les nombreux couvents qu'il a fondés pendant la durée de son règne.

Ne reconnaît-on pas à ces jugements, prononcés et exécutés de sang-froid, une haine de race qui ne pardonne pas? Qu'il se commette dans une ville prise d'assaut, dans le premier instant de fureur, de pareilles atrocités, on le comprend; mais, qu'un souverain traite ainsi une cité qu'il prétend appartenir à ses Etats, cela n'est pas acceptable. Iwan IV, se disant héritier de Novgorod, n'était pas de bonne foi; le massacre de 1570 le prouve. Iwan IV, quoique rurikowitsche par son origine, était devenu tatare à l'école des princes Mongols; s'il faisait tomber ses fureurs autocratiques sur cette malheureuse ville, c'est qu'elle avait eu le tort de prospérer pendant des siècles, sous l'empire des lois et le régime de la liberté, qu'elle renfermait des richesses immenses, et présentait à ses hordes nomades l'occasion d'un riche butin.

Non; les exécuteurs de cette prétendue justice n'étaient pas des Slaves, les armes leur seraient tombées des mains dès le second jour de ces massacres au nom de la justice! C'étaient des Tatares, des descendants des Polowtses, des Petschénègues, des Khwalisses, c'étaient des Moscovites, mais des Ruthènes jamais! Ce que nous avons dit ici, au sujet de Novgorod, nous pouvons l'appliquer à toutes les guerres qui se sont élevées entre les Moscovites et leurs prétendus frères des bords du Dniéper, du Dniester et de la Vistule. Le sac de Praga, par Souwarow, est le digne pendant des massacres des habitants de Kiew, de Novgorod, et à l'heure où nous écrivons, les bandes de Mourawiew, pillant, brûlant châteaux et villages, égorgeant ou faisant mourir de faim les malheureuses populations de la Lithuanie, ne font que marcher sur les traces de leurs pères tatares, moscovites. Depuis la fondation de la principauté de Souzdalie, devenue plus tard grande principauté de Moscou, toutes les guerres que les Moscovites ont faites aux Slaves Ruthènes, ont eu ce caractère d'implacable férocité. Ce furent de véritables guerres de race, et elles présentaient un tout autre caractère que celles que les Slaves se faisaient entre eux.

Le berceau de la monarchie autocratique de Moscou ne doit donc pas être placé à Novgorod ni à Kiew. Dès que les populations slavonnes du Dniester et du Dniéper ont pu secouer le joug de leurs vainqueurs, les princes rurikowitsches, elles se sont ralliées à leurs frères de la Vistule, avec lesquels, pendant près de cinq siècles, elles ont marché en parfait accord, partageant les bienfaits d'une civilisation qui répondait aux besoins de leur race.

Le monument élevé l'année dernière à Novgorod n'induira personne en erreur. Ce n'est pas de 826 que les Moscovites ou Grands-Russes datent en Europe. C'est sur les bords de la Klazma qu'il fallait élever ce monument, et non dans cette malheureuse cité de Novgorod pillée, ruinée et dépeuplée par les hordes touraniennes d'Iwan le Terrible.

Ce simple exposé des faits historiques prouve que les Polonais, les Ruthènes sont d'une origine différente de celle des Moscovites ou Grands-Russes. Tout rapprochement, toute fusion entre ces deux peuples est donc impossible, et la lutte d'aujourd'hui ne peut se terminer que par l'extermination entière des Slaves, nos frères de race et de civilisation.

L'Europe laissera-t-elle les choses en venir à cette extrémité ?

On nous objectera peut-être, ici, que les Polonais eux-mêmes reconnaissent les Moscovites pour frères d'origine en nous citant, avec la Diète de 1830, les généraux Rybinski, Mieroslawski et l'historien Lelewel.

Sans vouloir contester l'importance de la déclaration de la Diète de 1830, nous ne pouvons la considérer que comme un moyen tenté pour diminuer les horreurs de la lutte. Les généraux Mieroslawski, Rybinski, en admettant la slavicité des Moscovites, commettent une erreur préjudiciable à la cause polonaise, ce qui est doublement regrettable de la part de patriotes éprouvés comme eux. Le sentiment populaire a protesté dès 1830 contre la déclaration de la Diète, et aujourd'hui que la question est plus éclaircie, le gouvernement national de Pologne se range du côté de la science en décrétant une récompense nationale pour le savant qui a consacré presque toute sa vie à prouver que les Moscovites ne sont pas Slaves.

Mais les faits parlent plus haut que les autorités les plus respectables, que les décisions de la Diète de 1830 et que les décrets du gouvernement national de 1863; or ces faits, comme nous l'avons vu et comme nous le verrons, prouvent la vérité de la thèse que nous défendons.

II

Rapports historico-politiques. Statistique.

Examinons maintenant quels ont été, quels sont *les* rapports historico-politiques entre les Slaves lithuano-ruthènes et Petits-Russes avec les Slaves de la Vistule ? Ceux-ci , de l'aveu de M. Schnitzler, ont conservé plus que tous les autres Slaves l'élément slavon dans toute sa pureté. Nous verrons ressortir de l'examen de cette question, une vérité incontestée, à savoir : que les Slaves lithuano-ruthènes et Petits-Russes sont étroitement liés dans leur passé avec leurs frères de la Vistule. C'est sur la statistique et des chiffres officiels que nous baserons notre argumentation , et nous espérons démontrer, au moyen de cet élément de critique, que les provinces lithuano-ruthènes, revendiquées par les Moscovites, parce qu'elles ont été sous la domination des princes rurikowitsches pendant un temps assez long , n'ont rien de commun avec l'État fondé, sur les bords de la Klasma, devenu plus tard la Moscovie, et de nos jours l'empire de toutes les Russies.

Avant de développer les rapports historico-politiques de l'empire russe, nous nous croyons obligé d'annoncer que nous suivrons le système indiqué par M. Duchinski. Nous ne ferons que développer ce système et en déduire les conclusions pour le but que nous nous proposons. Plusieurs historiens, publicistes, ont déjà largement puisé aux sources du savant de Kiew. Personne n'a pourtant encore songé à se servir de ses principes sur la statistique. Nous croyons être d'accord avec le professeur en avançant que c'est la statistique qui prouve le mieux son système, et que son emploi simplifiera de beaucoup les difficultés renfermées dans la question que nous traitons.

La division que nous présentons est généralement admise par les statisticiens moscovites eux-mêmes. Nous ne faisons qu'y ajouter les millescarrés et la population pour l'année 1856.

Cette division est celle de M. de Kœppen, membre de l'Académie de Saint-Pétersbourg, reconnu comme le statisticien moscovite le plus autorisé. M. de Kœppen distingue les dix millions habitant les anciens tzarats et khanats de Khasan et d'Astrakan des autres Moscovites. Beaucoup d'autres n'admettent pas la nécessité de cette distinction, et fût-on de l'avis de M. Kœppen, il n'y aurait qu'une faible minorité qui ne rentrerait pas dans la limite du groupe. M. Duchinski partage l'opinion de ceux qui voient les Moscovites des tzarats complétement unis avec les Moscovites souzdaliens dans leurs traditions historico-politiques. Nous verrons plus loin la justification de cette opinion; nous trouverons même que les habitants des contrées du nord de la mer Noire appelés *Nouvelle Russie*, n'ont pas de traditions historiques assez tranchées pour en faire une individualité particulière surtout au point de

vue politique. La *Nouvelle Russie* n'est, en effet, qu'une région purement
géographique.

A. *Division de l'empire russe au point de vue des degrés de parenté entre ses habitants d'après leurs traditions historico-politiques.*

	SUPERFICIE en MILLES CARRÉS géographiques (1).	POPULATION
(a) Gouvernements de la Grande-Russie, ou Moscovie proprement dite, y compris à l'ouest les gouvernements d'Olónetz, d'Archangel, de Nowgorod, de Pskow, de Smolensk, de Kalouga, d'Orel, de Koursk et le pays des Kosaks du Don, et à l'est les gouvernements de la région de l'Oural....................	69,076	36,107,276
(b) Gouvernements de la mer Baltique : Saint-Pétersbourg, Esthonie, Livonie et Courlande..............	2,480	2,774,887
(c) Gouvernements occidentaux ou provinces polonaises de l'empire russe : Mohylew, Witebsk, Wilno, Kowno, Grodno, Minsk, Podolie, Volhynie (2).............	7,654	8,484,658
(d) Gouvernements de la Petite-Russie : Kiew, Tschernigow, Pultawa, Charkow..................	2,641	6,462,131
(e) Gouvernements de la Nouvelle-Russie : Ekaterynoslaw, Tauride, Cherson, Bessarabie...............	4,365	3,773,232
Dans la Russie d'Europe.....................	87,218	57,602,184
(f) Lieutenance du Caucase....................	6,080	2,906,997
Pays soumis........................	355	291,000
(g) Les gouvernements et oblasties de la Sibérie............	213,131	3,352,815
Pays soumis........................	19,968	750,000
Dans tout l'empire russe..................	306,450	63,861,996
Avec les pays soumis..................	326,774	64,902,996
h) Possessions russo-américaines..............	17,500	10,723
Subdivisions de la Grande-Russie d'après les principes historico-politiques.		
1° Les contrées qui étaient soumises aux princes rurikowitches avant l'invasion des Mongols, et où la langue slave et la religion chrétienne ne commencèrent à prédominer chez les indigènes que dès l'an 1058 à l'an 1223....................	38,769	15,604,080
2° Les contrées qui formaient les khanats de Kazan, d'Astrakhan et de Crimée, qui ne furent soumises aux princes rurikowitsches que dès la seconde moitié du XVIᵉ siècle, et où la religion chrétienne et la langue slave ne commencèrent à prédominer chez les indigènes que depuis cette époque et dans le courant du XVIIᵉ siècle....................	30,307	20,413,196

Ce qui frappe d'abord dans la division des habitants de l'empire russe
au point de vue des traditions historico-politiques, c'est que non-seulement
la Pologne (royaume) et le grand-duché de Finlande, mais encore les provinces baltiques et les provinces lithuano-ruthéniennes (occidentales), se
distinguent des Moscovites, ainsi que la Petite-Russie, par leurs traditions
historico-politiques. Les chiffres de milles carrés et la population relative

que nous venons de présenter, montrent l'importance de cette division.

Cette première division des habitants de l'empire russe présente un fait d'une importance majeure, à savoir : si, d'une part, les Moscovites forment une grande unité, sous le point de vue des degrés de leur parenté dans les traditions historico-politiques, les habitants des contrées occidentales de l'empire (formant une grande minorité) se divisent en quatre parties, même en ne tenant pas compte de la Finlande et du royaume de Pologne. Indépendamment donc des origines, ce sont les traditions historico-politiques qui distinguent les nobles comme les paysans des provinces lithuano-ruthéniennes et celles des Petits-Russes des Moscovites.

Nous allons entrer dans quelques détails qui feront voir clairement les conséquences graves résultant des divisions des habitants de l'empire russe, sous le point de vue des degrés de parenté, d'après les traditions historico-politiques.

L'histoire des Moscovites ne commence ni à Novgorod, ni à Pskow, ni sur le Dniéper, ni sur le Dniester; c'est dans la Moscovie elle-même qu'elle commence.

Les Moscovites se divisent en deux groupes :

a) Les Moscovites du grand-duché de Souzdalie (les moins nombreux), forcés d'embrasser la religion chrétienne et d'adopter la langue slave dès la seconde moitié du xiie siècle (prise de la ville de Mourom par les princes rurikowitsches, l'an 1223).

b) Les Moscovites (les plus nombreux), qui ne subirent la même transformation que vers le xviie siècle, après que les premiers, ceux du duché de Souzdalie, eurent conquis les tzarats ou khanats de Sibérie, de Khasan et d'Astrakan. Ces deux groupes étaient unis politiquement avec les autres peuples touraniens par les Djenghi-kanides aux xiiie, xive, xve et xvie siècles, de manière que la séparation des deux groupes, par une religion et une langue nouvelles admises par l'un, ne dura que très-peu de temps. En effet, la religion chrétienne et par conséquent la langue slave ne commença à prédominer chez les Moscovites souzdaliens qu'en 1223, et l'union des Moscovites souzdaliens avec leurs frères d'au delà de l'Oka et de la Kama eut lieu par la conquête de Djen-hiskan dès l'an 1241. Les deux groupes moscovites furent ainsi unis par la conquête de leurs frères les Touraniens Djenghiskanides jusqu'au temps d'Iwan III, mort au commencement du xvie siècle. Dès lors ce sont les princes de Moscou qui remplacèrent les Djenghiskhanides dans la mission d'unir les Touraniens moscovites. Iwan IV accomplit cette mission en soumettant la majorité des ancêtres des Moscovites actuels qui habitaient les tzarats ou khanats de Sibérie de Khasan et d'Astrakhan. Il en résulte que l'histoire de la nationalité des Moscovites ne commence pas dans le grand-duché de Souzdalie, fondé dans la seconde moitié du xiie siècle, par André de Bogoljub Kitan (Chinois). Cette principauté n'était habitée que par la *minorité* des Moscovites, tandis que les tzarats ou khanats ci-dessus nommés, réunis à cette Souzdalie, dans la seconde moitié du xive siècle, par Ivan le Terrible, possédaient la majorité des ancêtres des Moscovites de nos jours.

Voilà la première base de l'histoire de tous les Moscovites, prouvant leur unité au point de vue des traditions historiques. Ceux qui commencent l'histoire des Moscovites dans le grand-duché de Souzdalie, avec les princes Youry Dolgoruki et son fils André de Bogolub Kitan, sont donc dans l'erreur, *lorsqu'ils ont en vue la formation de la nationalité moscovite;* mais les historiens de l'*État*, de l'*empire* moscovite peuvent commencer cette histoire en Souzdalie; en effet, l'empire russe actuel commence à Moscou; il fut formé par *la minorité* des Moscovites. Ceux-ci, s'inspirant de l'esprit de la race, n'ont rien pu fonder de contraire à l'esprit de la majorité de leurs frères, qui peuplait les khanats de Sibérie, de Kasan et d'Astrakhan.

Les faits que nous venons d'indiquer prouvent la nécessité de réformer l'histoire des Moscovites, en la faisant commencer non pas à Rurik et à ses descendants, mais d'abord aux Scythes ou Tschoudes *nomades* dont les possessions, d'après Hérodote, commençaient *à quelques journées de marche au delà du Dniéper,* aux Samoyèdes et autres habitants de la Moscovie du nord. Dans les temps plus rapprochés de nous, il faut commencer l'histoire des Moscovites aux Finnois chasseurs de Tacite et à leurs descendants, les Wes, les Mera, les Mouroma, les Mordwa, les Metschera, les Tscheremisses, les Boulgares, les Kasars et autres peuples touraniens, dont une petite fraction fut soumise par les princes warègues russes rurikowitsches du IXe au XIIIe siècle et la majorité au XVIe siècle.

Le premier chef national des Moscovites dont l'histoire est bien connue, est Dyzabul Khan. C'était un souverain touranien qui régnait, au VIe siècle, sur presque tous les peuples de cette race, de la mer Baltique jusqu'aux frontières de la Chine. Sa capitale était Tscherdin dans le gouvernement de Perme.

Mais est-il vrai que même la minorité des Moscovites, ceux qui étaient tributaires des princes rurikowitsches, avant l'invasion des Mongols, au XIIIe siècle, étaient étrangers aux Slaves et unis dans les besoins ressortant des origines et des caractères de civilisation et des traditions historiques, avec cette majorité des Moscovites qui ne furent soumis aux princes rurikowitsches de Moscou que vers la seconde moitié du XVIe siècle?

Tel était l'enseignement au XVIIIe siècle. Pour le ruiner, le cabinet de Saint-Pétersbourg a employé les moyens les plus violents. Nous pouvons encore consulter sur ce point les historiens les plus compétents. La vérité est tellement claire que même les savants moscovites ne peuvent l'obscurcir.

L'historiographe officiel de l'empire russe, Karamsin, tout en commençant l'histoire de cet empire à Novgorod et à Kiew, au IXe siècle, reconnaît que les habitants de la Souzdalie, tributaires des princes rurikowitsches, n'étaient pas Slaves, mais Finnois ou Tschoudes. « *Les Vesses, les Mera, les Mouroma,* dit-il, *n'abandonnèrent pas leurs demeures aux Slaves ni leurs villes, comme on le prétend, mais se changèrent en Slaves, en acceptant leur religion, leur langue et leurs coutumes.* Nous devons remarquer que ce passage, aussi bien que beaucoup d'autres d'une importance aussi grande, a été supprimé dans la traduction française de l'histoire de Karamsin. Il prouve la justesse de sa théorie par l'opposition que faisaient les habitants de la Souzdalie au christianisme, après que les Slaves de Novgorod et du Dniéper l'eurent embrassé. Karamsin démontre, enfin, la justesse de ce fait, que les Touraniens de la Souzdalie n'ont pas abandonné leur pays aux Slaves de Novgorod et du Dniéper, dans le récit des luttes qui ont eu lieu entre ces peuples dès 1147, de même que dans le récit des difficultés que rencontra l'introduction du christianisme chez les Souzdaliens.

M. Solowiew, professeur d'histoire à l'université de Moscou, commence pareillement l'histoire de l'empire russe à Novgorod, sur le Dniéper et le Dniester, mais il reconnaît aussi qu'avant l'invasion des Mongols au XIIIe siècle, les habitants du grand-duché de Souzdalie n'étaient pas Slaves mais Finnois, et que c'était l'élément finnois qui s'opposait au christianisme aux X, XI, XIIe siècles, opposition que nous venons de voir constatée par Karamsin.

M. Schnitzler est encore plus explicite que les deux auteurs que nous venons de citer : « La Russie de Pierre le Grand est la Russie moscovite, « c'est-à-dire une tout autre Russie que celle qu'avait connue l'Occident, « avant l'invasion mongole. C'est seulement depuis 1320 que l'histoire « russe se rattache à Moscou, devenu chef-lieu d'une grande principauté. « Moscou, ville bâtie au milieu d'une population non pas slavonne, mais

« finnoise, et ensuite russifiée par la dynastie régnante qui était encore
« celle de Rurik, et par son entourage plus ou moins nombreux. •

« A partir de 1340, la Moscovie était politiquement séparée des autres
« Russies et eut des destinées toutes différentes. Ce fut, comme nous l'avons
« dit, une Russie nouvelle partie de très-petits commencements..... Et la
« séparation a été d'autant plus profonde qu'elle ne resta pas seulement
« politique, mais devint aussi religieuse. L'union, opérée en 1439, par le
« concile de Florence, fut repoussée par la métropolie de Moscou, mais
« elle fut acceptée par la métropolie de Kief et par les évêchés qui en
« relevaient. Kief et ses évêchés rentrèrent donc dans la communion avec
« Rome, tandis que les évêchés de Moscovie persévérèrent dans le
« schisme (1). »

S'il fallait se tromper sur l'origine des Moscovites, il est préférable de se
tromper avec les autorités que nous avons rapportées, que de suivre les
oukases de Catherine II; en effet, tous ceux qui donnent le nom de Slaves
aux Moscovites, d'après leur origine et leurs caractères de civilisation, n'ont
d'autres arguments à présenter que les oukases de Catherine II, comme le
disait déjà Mirabeau en 1785.

Si l'on ne peut admettre la slavicité de cette minorité des Moscovites de
la Souzdalie, devenus tributaires des princes rurikowitsches avant l'invasion
des Mongols au XIII° siècle, comment pourra-t-on appeler Slaves la majorité des Moscovites, qui restèrent indépendants des princes rurikowitsches
jusque dans la seconde moitié du XVI° siècle?

On voit donc dans ce qui précède que les Moscovites sont complétement
étrangers aux provinces de la mer Baltique, aux provinces polonaises et à la
Petite Russie, au point de vue des traditions historico-politiques.

B. *Unité des habitants des provinces polonaises de l'empire russe avec les
habitants du bassin de la Vistule, au point de vue des traditions historico-
politiques.*

Il nous suffira, pour prouver l'unité des habitants dont nous parlons, de
citer deux auteurs dont la compétence dans cette question ne peut être mise
en doute, ce sont MM. Schnitzler et Vi quesnel :

« Dans la haute antiquité et pendant une partie du moyen âge, les po
« pulation s slaves fixées au nord et au sud des Carpathes sont restées unie
« en origine, en religion, en civilisation, en politique; malgré leurs lu
« tes intestines, les intérêts communs à la race entière prédominèrent
« chez elle jusque vers la fin du X° siècle ou le commencement du XI°.
« C'est seulement à cette époque que les tendances séparatistes se pronon-
« cèrent avec éclat : les Slaves du Dniéper et du Dniester commencèrent à
« isoler leurs intérêts politiques et religieux de ceux de leurs frères de race
« et à se rapprocher des Varègues Russes. L'union des Ruthènes avec les
« Slaves de la Vistule, au XIV° siècle, n'a fait que renouer la chaîne des an-
« ciens rapports qui existaient entre ces deux peuples frères, et qui avaient
« été interrompus par la domination normande, ensuite par la domination
« tatare. Les princes rurikowitsches, qui prirent une part active à l'union,
« devinrent les plus ardents défenseurs de la nouvelle combinaison poli-
« que, et luttèrent avec autant de courage que les Polonais proprement
« dits, jusqu'au moment des partages, contre les princes rurikowitsches,
« autocrates de la Moscovie. C'est par ces motifs et d'autres encore, que
« l'histoire des princes russes et de leurs compagnons d'armes, qui ont
« régné sur le Dniester, le Dniéper, la Bérésina, la Duna occidentale, c'est-
« dire sur les provinces polonaises appelées Russies, appartient de droit

____

(1) Schnitzler, *la Russie ancienne et moderne*, pages 2, 3.

« à l'histoire générale de la Pologne, dont elle forme un épisode impor-
« tant. Cette manière de voir n'est pas une innovation, c'est celle de
« Schnitzler (1). »

Si les traditions historiques, au temps de la séparation politique des habitants des provinces lithuano-ruthènes des Polonais de la Vistule, font partie
intégrante de l'histoire générale de la Pologne, comment admettre la possi-
bilité de les en séparer après cinq siècles d'union ? Les paysans lithuano-
ruthènes, abrutis par les Moscovites, peuvent faire beaucoup de mal aux
nobles, propriétaires du sol, mais on ne pourra jamais voir là qu'une lutte
agraire et rien de plus ; car ce qu'on appelle *l'élément lithuano-ruthène*, indépendant du *polonisme*, n'est représenté que par les serfs nouvellement
affranchis et par un clergé grec encore plus barbare et plus abruti. Les
nobles lithuano-ruthènes ne sont que les descendants des nobles dont les
ancêtres luttaient contre les Polonais et les Moscovites, avant leur union
avec les premiers. La noblesse actuelle est si bien nationale dans la Lithuano-
Ruthénie qu'elle représente les paysans de ces provinces, même dans leurs
penchants bons ou mauvais et se distingue d'après les provinces.

Nous nous sentons contraints de rappeler enfin que, même d'après M. de
Kœppen, les paysans de la Podolie, de la Volhynie, des gouvernements de
Minsk, Mohylew, Witebsk, les schismatiques ou orthodoxes (d'après le
sens qu'on a attaché à ce mot en Moscovie), forment *une unité très-caractérisée* avec les paysans samogitiens catholiques et ne parlant pas le slave.
M. de Kœppen constate leur unité au point de vue de leurs besoins ressortant des degrés de leur parenté *dans les traditions historiques.*

L'unité des habitants des provinces polonaises avec le reste de la Pologne,
dont nous parlons, et la grande différence entre ces habitants et les Moscovites trouve les preuves les plus frappantes dans l'état des choses en
Petite-Russie.

C. Groupe Petit-Russe.

Nous avons exclu le gouvernement de Kiew des provinces occidentales ou
polonaises de l'empire russe, afin de faire mieux ressortir l'unité des habitants des autres gouvernements de cette région avec la Pologne de la Vistule, et ce qui les fait différer des Moscovites. C'est l'Ukraine, le gouvernement de Kiew qui jettent du trouble dans l'esprit des étrangers, lorsqu'il
s'agit de juger sainement la situation dans les provinces lithuano-ruthènes.
La difficulté vient de ce que l'Ukraine a été le théâtre des guerres des Kosaks au XVIIe siècle ; c'est en Ukraine qu'ont eu lieu les massacres des nobles
au XVIIIe siècle. C'est ce qui nous a fait exclure, pour le moment, le gouvernement de Kiew des provinces polonaises. Nous n'avons, en cela, que suivi le
système des statisticiens moscovites qui, comme MM. de Kœppen, Schnitzler,
rattachent ce gouvernement à la Petite-Russie. Une petite fraction de ce
gouvernement a, en effet, été séparée de la Pologne à partir du XVIIe siècle,
à savoir : la ville de Kiew et à peu près sept milles carrés dans ses environs.
Mais, en séparant les habitants du gouvernement de Kiew de ceux des gouvernements lithuano-ruthènes, pour démontrer avec d'autant plus d'autorité
leur unité avec les Polonais de la Vistule ; en incorporant le gouvernement
en question dans le groupe petit-russe, les conclusions n'en seront pas moins
opposées aux prétentions des Moscovites ; car le groupe petit-russe diffère
lui-même du groupe moscovite indépendamment des origines, de la religion, de la langue, par les *caractères des traditions historico-politiques*
des habitants. Les publicistes et les savants moscovites et étrangers, d'
d'accord sur ce point ; mais ils ne le sont pas sur les degrés de parenté

(1) Viquesnel, *Appendice au voyage dans la Turquie,* pages 587-588.

Petits-Russes avec les Polonais et avec les Moscovites. Les uns disent : les Petits-Russes, de même que les Ruthènes des provinces occidentales de l'empire et de la Gallicie, sont plus Moscovites que Polonais; ceux-ci se fondent sur la prétendue slavicité des Moscovites, sur l'unité des phases historiques des Slaves de Novgorod, du Dniéper et du Dniester avec les Moscovites d'avant le xive siècle, sur les guerres des Kosaks et de la Petite-Russie contre les Polonais au xviie siècle, et, enfin, sur leur union avec les Moscovites dans le même siècle. Ceux, au contraire, qui prétendent que les Petits-Russes eux-mêmes, séparés de la Pologne au xviie siècle, sont plus rapprochés des Polonais que des Moscovites, s'appuient sur les faits dont nous avons déjà constaté la justesse, savoir : la non slavicité des Moscovites, même ceux de la Souzdalie, et sur leur opposition au christianisme pendant tout le temps de leur union sous la domination des Rurikowitsches; car si la religion chrétienne et la langue slavonne commencent à prédominer parmi la minorité des Moscovites vers le xiiie siècle, la majorité ne cessa d'être étrangère aux Slaves, même sous le point de vue des dogmes religieux. Il y avait, au xiiie siècle, treize évêchés à Novgorod, Smolensk et dans les autres villes des provinces du Dniéper et du Dniester; il n'y en avait qu'*un seul en Moscovie* à la même époque (à Rostow), quoique les deux contrées fussent soumises aux princes de la dynastie de Rurik. Rappelons sommairement d'autres preuves des différences entre les Moscovites et les Slaves à l'époque de l'invasion des Mongols, ce sont : 1° en religion, les tendances sectaires des Moscovites manifestées dès la fondation même du grand-duché de Souzdal et de Wladimir, sur la Klasma, au témoignage de Karamsin. Il ne faut pas oublier non plus que les Moscovites témoignèrent leur défiance religieuse à l'Eglise de Kiew dès la formation de leur État, comme cela ressort des tentatives qu'ils firent pour se soustraire à la suprématie religieuse de la métropole de Kiew. C'est le patriarche de Constantinople qui arrêta les prétentions des Moscovites, pour empêcher un schisme dans le schisme. Ce qui arriva néanmoins plus tard.

2° Les différences politiques entre les Slaves et les Moscovites les séparaient aussi sensiblement que les différences religieuses; ces différences portent sur l'introduction de l'autocratie au moyen du cens oriental, sous André Bagolub-Kitan, *du consentement de la nation*, ce qui ne s'est jamais vu à Novgorod ni chez les Slaves du Dniéper et du Dniester, et ensuite, dans les guerres des Moscovites contre ces derniers, guerres qui datent de la fondation de Moscou (1147) et qui atteignirent leur plus haut degré d'acharnement en 1169 et 1170, longtemps, comme le on voit, avant l'invasion des Mongols.

Qu'on ne parle donc plus de l'unité des Slaves de Novgorod, du Dniéper et du Dniester avec les Moscovites d'avant l'invasion des Mongols au xiiie siècle; qu'on ne dise plus que ce fut cette invasion qui sépara les Moscovites des Slaves des provinces susdites. Au contraire, ce sont les Mongols qui resserrèrent les chaînes qui liaient les Slaves aux Moscovites, car l'unité des Mongols dans le gouvernement central, au moins au xiiie siècle, était plus forte que celle des Rurikowitsches pendant toute la durée de leur domination sur les Slaves.

On objecte souvent l'éloignement des Petits-Russes pour les Polonais et leur penchant pour les Moscovites, en s'appuyant sur les guerres des Kosaks contre les Polonais.

Il est facile de répondre à cette objection en rappelant, que les Kosaks, formés en strapha par Bathory, roi de Pologne n'étaient pas Slaves, ni des paysans ruthènes fugitifs comme en l'a souvent avancé. Les Kosaks étaient des guerriers touraniens organisés militairement, branche des Kirghises ou Tscherkesses appelés Kaïsaks ou Kosaks. Les plus rapprochés de l'Ukraine adoptèrent la langue slave des Ruthènes, ceux du Don furent moscovitisés. Les paysans ruthènes marchèrent sous les bannières des Kosaks contre eurs seigneurs, mais ils restèrent, pour leurs alliés ou plutôt leurs maîtres, un objet de mépris. Lorsque les officiers Kosaks eurent obtenu de Catherine II le droit de noblesse ils lui servirent d'instruments pour asservir les paysans ruthènes dont le sort fut plus malheureux qu'il ne l'avait jamais été sous la domination de la noblesse polonaise. L'élément ruthène s'était pourtant propagé de telle façon parmi les Kosaks que, lorsque leur chef, Chmielnicki annonça la nécessité de s'unir à la Moscovie, il rencontra une vigoureuse opposition. Les opposants aimaient mieux se soumettre aux Turcs qu'aux Moscovites. Il y a aujourd'hui en Petite-Russie un nombre considérable de seigneurs moscovites; ce sont eux et le clergé dénationalisé qui empêchent les tendances nationales des Petits-Russes de se manifester. Malgré cette oppression morale il y a assez de faits qui prouvent que les Kosaks se sont plus ou moins perdus dans la masse de la nation indigène slave dans les anciens Sévériens. (Voir la carte.) Ces derniers sont un peuple entièrement différent des Moscovites aussi bien par les caractères de civilisation que par les origines.

Nous terminerons ces considérations sur le groupe petit-russe en rappelant que dans le gouvernement de Kiew il n'y a, d'après les savants moscovites, que deux mille Grands-Russes. C'est M. de Pauly, membre de la société impériale de géographie, qui le constate, en comptant pour le même gouvernement soixante-quinze mille Polonais. M. de Koeppen porte ce nombre à cent mille. Les deux mille Grands-Russes habitent presque tous Kiew, ville que les Moscovites revendiquent pourtant comme le berceau de leur nationalité.

D. Groupe de la Nouvelle-Russie.

Nous n'avons, concernant ce groupe, qu'à rappeler que les traditions historico-politiques des habitants de Kherson (avec les villes de Kherson, Nicolaïeff, Odessa) les rattachent au groupe polonais lithuano-ruthène.

Leurs intérêts commerciaux les unissent encore plus fortement. Les habitants des autres fractions de la Nouvelle-Russie les réunissent tantôt au groupe polonais, tantôt au groupe petit-russe, en tant que ce dernier, séparé de la Pologne et en lutte morale avec la Moscovie depuis deux siècles, a son individualité particulière. La Bessarabie n'est pas en question

E. Groupes des provinces de la mer Baltique.

Tout le monde sait que ni l'Esthonie ni la Livonie ni la Courlande n'ont quelque chose de commun avec les Moscovites. Les paysans esthoniens eux-mêmes, unis aux Moscovites par la communauté d'origine, leur sont étrangers, de même que les nobles de l'Esthonie, par la langue, la religion, surtout par les traditions historico-politiques. Pour ce qui concerne le gouvernement de Saint-Pétersbourg, ce sont les habitants de la capitale qui le relient à la Moscovie.

vie, l'Eglise grecque, à partir de cette époque, alla en dépérissant; elle n'exista plus comme corps enseignant ou civilisateur. Ses représentants ne se firent plus connaître au monde que par d'interminables disputes aussi vaines que puériles.

Mais la Moscovie, à l'époque du schisme, n'existait pas encore comme Etat. Le christianisme n'y fut introduit qu'aux xiie et xiiie siècles. L'Evangile rencontra une résistance opiniâtre dans ces contrées, puisqu'au commencement du xiiie siècle (1205), il n'y avait dans la principauté de Souzdalie qu'un seul évêché, celui de Rostow, pendant qu'à la même époque il y en avait treize dans les Ruthénies, dont les siéges étaient : Kiew (métropole), Novgorod, Tschernigow, Bielohorodka, Vladimir (Volhynie), Pereiaslaw, Juriew (non loin de Kiew sur la Ros), Polotsk, Tarowsk, Smolensk, Halitsch, Peremysl, Ouhrowsk, plus tard à Chelm, à l'époque de la domination des Mongols. Le christianisme chez les Moscovites, au xiiie siècle, était si peu développé, qu'au témoignage de Karamsin, les païens venaient encore apporter des offrandes aux idoles dans la ville épiscopale de Rostow, au temps d'André de Bogolub; les Mouromiens n'embrassèrent forcément le christianisme qu'en 1223.

Quand les Turcs furent aux portes de Constantinople, les Grecs recoururent à l'Occident. Au concile de Florence (1439), l'empereur Jean Paléologue, les archevêques, les évêques et les ecclésiastiques les plus éclairés de Byzance, de Kiew, de Moscou, de l'Arménie, de la Valachie, signèrent à l'unanimité moins une voix l'acte d'union religieuse entre l'Orient et l'Occident. Nous sommes de l'avis de Karamsin, qui dit que la peur entra pour beaucoup dans la résolution du clergé de Constantinople. Mais celui de Moscovie dut obéir à d'autres mobiles.

Le grand prince de Moscovie, Vassilii l'Aveugle, repoussa avec indignation l'union avec l'Eglise romaine; sa parole entraîna les suffrages de tous les évêques et de tous les seigneurs (1).

Le clergé moscovite donna, en cette occasion, un triste, exemple de la faiblesse de ses convictions par un changement aussi subit.

« Cette grave détermination, qui rendit la Moscovie étrangère au mouvement intellectuel de l'Occident, fut certainement dictée au grand prince par une juste appréciation des besoins de civilisation particuliers à la presque totalité de ses sujets. Si l'on excepte quelques annexes slaves, la masse de la population se composait de peuples touraniens, récemment convertis au christianisme (xiie et xiiie siècles) et qui, avant cette époque, pratiquaient l'islamisme, le judaïsme et le paganisme. Les princes de Moscou les avaient soumis, sans la moindre résistance de leur part, au régime autocratique si bien en rapport avec leurs aspirations naturelles. Vassilii l'Aveugle comprit que son adhésion à l'acte du concile de Florence entraverait le développement de ce régime inauguré au xiie siècle par André de Bogolub, fondateur de la principauté de Souzdal; certain de suivre en cette occasion une politique nationale, convaincu qu'aucune manifestation sympathique soit de la part du clergé, soit de la part des seigneurs moscovites, ne se produirait en faveur de Rome, il voulut que l'Eglise de Moscou fît cause commune avec celle de Byzance. Ainsi fut réalisé le vœu formé par André de Bogolub; car ce profond politique avait inutilement sollicité auprès du patriarche de Constantinople, comme complément de ses innovations, la nomination d'un métropolitain indépendant de celui de Kiew pour diriger les affaires religieuses de sa principauté » (2).

Un autre motif de la plus haute importance a dû encore exercer une grande influence sur la détermination de Vassilii l'Aveugle. Déjà l'empire grec, pressé de tous côtés par les Ottomans, touchait à sa fin. Sa destruction

(1) *Appendice au Voyage dans la Turquie*, page 610.
(2) *Ibid.*

III

Le christianisme moscovite

La plus flagrante de toutes les usurpations de la Moscovie est celle qu'elle a commise et qu'elle commet de nos jours en revendiquant, pour son Eglise gréco-moscovite, la dénomination d'orthodoxe. Grand nombre de confessions chrétiennes, dans notre monde occidental, se sont détachées de l'unité catholique, mais nous n'en connaissons aucune qui ait osé, à ce point, empiéter sur les droits de l'Eglise romaine, et se parer d'un titre que les conciles et la tradition ont conservé pour la société dont le siége est à Rome, et dont l'action, de nos jours encore, est partout, pour le bonheur de l'humanité. Qu'on nous fasse connaître dans le monde une confession chrétienne dont l'influence se fasse sentir au même degré pour l'extension de la *bonne nouvelle*, de la loi d'amour, nous passerons immédiatement condamnation en disant avec beaucoup de gens que le catholicisme a fait son temps, qu'il doit être, sinon mis de côté, du moins profondément modifié. Qu'il nous soit cependant permis de remarquer en passant, que les Eglises protestantes ou schismatiques n'exercent, de nos jours, comme corps enseignant, comme Eglise, dans le sens strict du mot, aucune action dans le monde, si ce n'est peut-être pour affaiblir peu à peu les bases mêmes du christianisme. Aux confessions protestantes, à celles de l'Allemagne surtout, auxquelles la science ne fait pas défaut, il manque quelque chose de bien plus précieux et de plus nécessaire : il manque généralement la foi, sans laquelle le mot de religion devient un non-sens.

Nous n'avons à nous occuper ici que de l'Eglise gréco-moscovite, *la sainte Eglise orthodoxe*, comme on l'appelle en Moscovie. Il serait intéressant de montrer ici avec quelle persévérance les empereurs d'Orient ont employé tous les moyens pour tenir l'Eglise sous leur dépendance. Le schisme de Photius, consommé sous le patriarche Cérularius, était préparé depuis longtemps. Ses causes furent plus politiques que religieuses.

Plusieurs historiens ou publicistes n'admettent pas même cette date de 1054 comme celle de la consommation du schisme. Ils s'appuient surtout, pour soutenir leur opinion à ne considérer le schisme comme définitif qu'à la prise de Constantinople, sur ce que les papes, après 1054, excommuniaient les empereurs de Byzance qui cherchaient à se relever de cette excommunication.

Les liens qui unissaient le Bas-Empire à l'Occident furent entièrement rompus. Comme une branche séparée de l'arbre qui lui donne la séve et la complète eut lieu, en effet, quelques années plus tard (1453). Il était facile, en 1440, de prévoir que cette catastrophe abaisserait l'influence spirituelle de l'Eglise byzantine, et que l'Eglise de Moscou, placée sous le sceptre d'un prince chrétien, recueillerait une partie de son héritage. Ces prévisions se sont accomplies sous les successeurs de Vassilii l'Aveugle, devenus indépendants après la chute de la domination tatare; on sait quelle influence le cabinet moscovite a exercée depuis lors sur les chrétiens d'Orient au profit de sa politique.

La volonté autocratique de Vassilii l'Aveugle fit donc évanouir les espérances que le concile de Florence avait fait naître. Les Ottomans, maîtres de Constantinople, eurent l'adresse de favoriser le développement du schisme et s'attachèrent le clergé grec par les honneurs et les priviléges considérables dont ils le comblèrent; ils profitèrent de l'influence qui lui restait encore pour maintenir leurs sujets chrétiens sous le joug. Par servilisme, par intérêt, plutôt que pour obéir aux prescriptions de l'Évangile, les patriarches de Constantinople, et les autres évêques devinrent les dociles exécuteurs des mesures prises par les sultans. Cette politique commune à tous les peuples touraniens, qui avaient quelques rapports avec les populations chrétiennes, était aussi celle qu'avaient suivie les Mongols. Les historiens russes constatent le fait. L'Archimandrite Arseni (1) rend grâce à Dieu d'avoir envoyé les Tatars pour arrêter la victoire d'une religion (le catholicisme) qui, à son avis, enseigne des doctrines pernicieuses. Karamsin exprime, en d'autres termes, la même opinion. Selon cet historien, « les dissensions et les guerres civiles qui déchiraient le pays depuis deux siècles, auraient pu durer un siècle encore et empêcher la centralisation du pouvoir dans les mains d'un seul monarque (2). » Elles auraient, selon toute apparence, ajoute l'auteur, entraîné la ruine entière de notre patrie. « La « Lithuanie, la Pologne, la Hongrie, la Suède en auraient arrraché des lam-« beaux, nous aurions perdu notre existence politique *et notre religion*, qui « doivent leur salut à Moscou, et Moscou elle-même est redevable de ses gran-« deurs aux Mongols. »

Nous devons constater ici que la grande majorité des habitants de la Ruthénie était catholique avant l'invasion des Mongols, malgré le voisinage de Constantinople et malgré les tendances séparatistes de plusieurs princes rurikowitsches. Les Varègues Russes, qui atteignirent le chiffre de 200,000 au xiiie siècle dans les Ruthénies, servaient de point d'union avec l'Occident en s'opposant à l'esprit de Byzance. Le schisme ne se développa qu'à la suite de la domination mongole et lithuanienne. Il ne faut donc pas juger de l'état de l'Eglise ruthène aux xe, xiiie siècles, d'après son état aux xve et xvie siècles. Tous les saints de l'Eglise ruthène sont admis dans le martyrologe romain.

Les métropolitains de Moscou devenus patriarches, malgré leur profonde déférence pour tous les actes des tzars, parurent avoir encore trop d'autorité aux yeux du réformateur Pierre Ier. Depuis la mort d'Adrien, le tzar avait constamment différé l'élection d'un nouveau patriarche. Pendant les vingt années de vacance du patriarchat, la vénération religieuse du peuple pour le chef de l'Eglise moscovite s'était insensiblement refroidie. L'empereur crut pouvoir déclarer enfin que cette dignité était abolie pour toujours. Il s'arrogea la puissance ecclésiastique, réunie auparavant dans la personne d'un Grand-Pontife, et fit ressortir toutes les matières religieuses d'un nouveau tribunal qu'on appela le saint Synode. Il ne se déclara pas le chef de l'Eglise, *mais il le fut en réalité* par le serment que lui prêèrent les membres du nouveau collége ecclésiastique. Voici la teneur de ce serment :

(1) *Histoire de l'Eglise russe avant l'invasion des Tatars.*
(2) *Karamsin*, tome iv, page 460.

« *Je jure d'être obéissant et fidèle serviteur et sujet de mon naturel et véritable*
« *souverain; je reconnais qu'il est le juge suprême de ce collége spirituel*(1). »

Le saint Synode, malgré l'autorité dont il semble investi, n'en est pas moins
un corps qui n'a de pouvoir que ce que l'empereur veut bien lui en laisser.

Dans d'autres pays schismatiques où les lois sont au-dessus du souverain,
une Eglise nationale conserve une certaine indépendance, sous la protection
des lois et constitutions civiles. En Russie, où la volonté autocratique du
tzar remplace non-seulement les lois, mais les droits naturels, il est facile
de comprendre ce que peut être l'influence de l'Eglise. Les hauts dignitaires
ecclésiastiques sont, en matière de foi et de discipline, sous la dépendance
du saint Synode, qui, à son tour, ne peut rien décider sans l'assentiment du
tzar. « Pierre Ier, en abolissant le patriarcat, fit peut-être une œuvre utile
« pour son époque; mais il est incontestable qu'il a détruit toute la puis-
« sance d'action de l'Eglise orthodoxe; il a anéanti son influence en Orient.
« Le rétablissement du patriarche serait, à un autre point de vue, un évé-
« nement politique d'une grande importance. Il établirait un lien de
« plus entre la Russie et tous les peuples qui attendent de nous sympathie
« et protection (2). » Telle est la dernière expression de cette orthodoxie
tant vantée. Aux yeux des non-catholiques eux-mêmes, celle que le pape
revendique pour l'Eglise romaine repose sur des bases plus larges et plus
rationelles. En effet, pour qu'une décision du Saint-Siége en matière de foi
ait force de loi, elle doit être prise dans certaines conditions et obtenir le
consentement tacite ou explicite des évêques de la catholicité. On le voit
donc clairement, le schisme de l'Eglise grecque a porté avec lui son châti-
ment. En privant le prêtre de son chef indépendant, on l'a placé sous
l'influence directe de son prince temporel; ainsi, la révolte a été punie par
l'esclavage. On serait bien étonné en Occident si l'on savait jusqu'à quel
point l'Eglise gréco-moscovite a poussé l'adulation à l'égard de l'autocratie:
adulation est un mot tellement faible, qu'il faut le remplacer par celui d'idolâtrie. Le tzar et Dieu ne forment plus, dans l'esprit des Moscovites, qu'une
même idée. Dieu et le tzar ont, en effet, la propriété de tous les biens. Aux
questions difficiles le peuple répond : Il n'y a que Dieu et le tzar qui le
sachent. Le tzar connît ce que des amis se disent dans l'intimité, il sait ce
qu'un homme pense étant seul. Ses sujets croient tenir de sa puissance la
vie et la santé, la beauté de leurs femmes et jusqu'à la vigueur de leurs
chevaux. Les respects qu'ils lui rendent sont un véritable culte. Le tzar sur
son trône a non-seulement la majesté d'un roi, mais la majesté d'un pontife.
et les hommages qu'on lui rend sont de véritables cérémonies religieuses.

Un des caractères divins du christianisme consiste dans l'enseignement
propagé par l'Evangile touchant la dignité humaine. A côté du grand pré-
cepte de la charité vient celui de la fraternité. La communauté d'origine,
une patrie future dans le royaume du Père céleste, la liberté dans sa grande
et belle signification, celle dont on peut jouir dans les fers, sont des con-
solations que nous devons à l'Evangile. N'est-ce pas aller directement contre
cet enseignement que d'accumuler sur un homme une puissance aussi
grande? Peut-on donner encore le nom de chrétienne à une religion qui
a non seulement subi, mais provoqué de pareilles monstruosités morales?
Ne faut-il pas reconnaître dans un pareil enseignement une imitation du
mahométanisme, et le tzar moscovite, le grand pontife de l'Église orthodoxe,
ne joue-t-il pas exactement le rôle du commandeur des croyants? Qu'on
essaie de faire adopter à des populations d'origine indo-européenne de pa-
reils errements, on soulèvera des tempêtes, tandis que les peuples touraniens, moscovites ou turcs, avec leurs penchants et leurs prédispositions de
race, ne voient rien là que de naturel et de juste.

(1) *Histoire de Russie et des principales nations de l'empire russe*, par Charles
L'Evesque. 4e édition, publiée par Malte-Brun et Depping, 5e vol., p. 89-90.
(2) *Le Raskol*, Paris, Frank, page 189.

L'Église gréco-moscovite, comme son aînée l'Église de Byzance, a, depuis sa séparation de Rome, cessé d'être apostolique, c'est-à-dire civilisatrice. On a converti des Tatars, des Kosaks, des Tscherkesses, mais par la force des baïonnettes plutôt que par la puissance des convictions. Nicolas a même fait entrer quelques millions d'Uniates dans le giron de l'Église orthodoxe, on sait par quels moyens. Nous ne voulons pas nous y arrêter, d'autres que nous les ont fait connaître avec une éloquence et une autorité que nous n'avons pas. Qu'il nous soit seulement permis de dire que les meilleurs arguments employés par les missionnaires russes sont toujours en dernier lieu le knout, les mines de l'Ourbl ou la Sibérie. On emploie aussi quelquefois les verges, comme on l'a fait pour les religieuses lithuaniennes qui refusaient d'ouvrir les yeux à la lumière de l'orthodoxie.

Le pope russe a-t-il en lui-même les qualités, l'instruction, les vertus nécessaires au prêtre ? Voici le portrait qu'en trace le marquis de Custine dans son ouvrage sur la Russie (Moscovie) : « Le prêtre russe, appauvri, humilié, dégradé, marié, privé de son chef dans l'ordre spirituel, dépouillé de tout prestige, de toute puissance surnaturelle, homme de chair et de sang, se traîne à la suite du char triomphal de son ennemi qu'il appelle encore son maître ; il est devenu ce que ce maître a voulu qu'il fût : le plus humble des esclaves de l'autocratie ; grâce à la persévérance de Pierre Ier et de Catherine II, Iwan IV est content. » Ajoutons quelques traits pour faire mieux comprendre le degré d'abjection dans lequel ces malheureux sont tombés. En prenant possession d'une cure, le pope russe obtient un rang égal à celui de capitaine dans l'armée. Mais à quel prix ! On exige de lui qu'il rende compte au gouvernement de l'esprit, de la conduite de ses paroissiens. Le secret de la confession ne doit pas l'arrêter, si les moindres tendances politiques accompagnent la perpétration d'un péché. Il semble que le gouvernement russe ait plutôt voulu, par une pareille exigence, dégrader le prêtre qu'obtenir des révélations utiles à sa sûreté. Quel sera le conspirateur assez insensé pour aller faire l'aveu d'un complot à un prêtre dont le premier devoir est de le dénoncer ? Il vaudrait autant dans ce cas aller en faire l'aveu au directeur de la police.

Une religion devenue à ce point l'instrument de l'autocratie, et dans sa constitution et dans le personnel de ses ministres, n'a plus rien de chrétien que le nom. Nous pouvons donc dire aussi que les Moscovites sont d'une religion différente de celle des Slaves polonais et ruthènes. Nous savons très bien qu'un nombre malheureusement très-considérable d'Uniates de la Lithuanie et des différentes provinces ruthéniennes ont extérieurement abandonné le catholicisme, que le voisinage de Constantinople a été la cause qui a fait adopter l'orthodoxie aux Petits-Russes, mais dans des circonstances plus favorables ces peuples ne tarderaient pas à rentrer dans la sphère des peuples indo-européens vers laquelle les portent leurs tendances de race.

La religion est donc aussi une barrière infranchissable entre les peuples lithuano-polonais et les Moscovites. Tant que le tzar pontife n'aura pas arraché du cœur des Polonais et surtout des héroïques femmes polonaises leur foi catholique, il ne pourra se vanter de régner sur eux. On le sait bien à Saint-Pétersbourg et c'est ce qui fait comprendre la durée et la violence des persécutions sous Nicolas.

Il n'a été jusqu'ici question que de l'Église officielle, nous ne pouvons passer sous silence ses nombreux sectaires. On admet généralement environ 200 sectes, dont quelques-unes sont ou veulent être plus chrétiennes que l'Église officielle.

Pourtant tous ces sectaires sont d'une ignorance profonde et, à l'opposé des sectes protestantes, leur dissidence ne porte que sur des points extérieurs n'allant pas jusqu'à l'examen des dogmes. On trouvera des hérétiques ou sectaires qui sont hors de l'Église officielle, uniquement parce qu'ils ne veulent faire le signe de la croix qu'avec deux doigts.

Notons que leur moralité est aussi grossière que leur foi.

IV

Caractère physique et moral des Moscovites

Les Moscovites portent à l'extérieur tous les signes caractéristiques de leur origine touranienne. Nous n'entendons pas parler ici de la noblesse, d'ailleurs fort peu nombreuse, puisqu'on ne compte, sur trente-six millions de Moscovites, que cent quarante mille nobles, dont la majorité touranienne, par des alliances avec les Slaves et les Allemands, a perdu, par le mélange d'un sang indo-européen, les signes physiques les plus frappants de son origine première.

L'homme du peuple en Moscovie est d'une taille moyenne. On trouve des hommes et des femmes d'un embonpoint extraordinaire ; les Moscovites sont rarement maigres, mais presque toujours replets et charnus. Les Grands-Russes ont le front étroit, le nez retroussé ou arrondi ; les yeux, petits, ont une expression particulière ; c'est le regard fourbe des peuples de l'Asie ; tellement qu'en les voyant passer on croit voyager en Perse. La couleur de leurs cheveux est brune, excepté vers l'extrême nord où ils les ont roux ou d'un blond clair et plus lisses qu'au centre. Ils ont la barbe de la même couleur, que les cheveux. forte, bouclée et donnant à leur figure que que chose de grave. La rigueur du climat, et peut-être aussi une extrême malpropreté, émoussent chez les Moscovites les organes du tact, de l'odorat, et la neige qui couvre leurs vastes plaines, pendant deux tiers de l'année, affaiblit leur vue. Le sens de l'ouïe est le plus développé parmi eux. La force du Moscovite consiste à supporter tout avec facilité ; son énergie est loin d'être la même pour agir, aussi son activité est moindre que chez la plupart des peuples. La nourriture des Moscovites est des plus frugales. Le paysan se contente d'un pain de seigle noir et grossier, de choux, de concombres fermentées, de gruau, de poissons salés et fumés et de certaines pâtisseries grossières, réservées pour les jours de fête. Les oignons, les melons d'eau, les noisettes et quelques légumes font souvent tout seuls les frais de ses repas.

La boisson favorite est le *kwass*, breuvage fermenté qu'on prépare sur le feu et qui se compose d'eau avec du malt d'orge et de la farine de seigle ou d'avoine. Cette boisson qu'on sert sur la table des riches seigneurs, le Moscovite ne l'aime pas au point de dédaigner toutes les autres : il recherche au contraire les liqueurs fortes, et la consommation d'eau-de-vie est immense en Russie. L'ivrognerie est un des vices dominants, non-seulement chez les gens du peuple, mais encore chez les nobles. On ne s'enivre plus d'eau-de-vie comme du temps de Pierre Ier, ou de bière anglaise comme à la cour de Pierre III, mais de vin et surtout de vins de Champagne et de Bourgogne.

Les habitations des Grands-Russes sont formées de grosses poutres équarries, superposées et dont les interstices sont calfeutrés avec soin. Les villages se composent de dix à cinquante maisons dont les pignons, alignés sur le grand chemin, sont ornés de planches sculptées et coloriées.

L'usage du linge chez le paysan moscovite est inconnu. Pour les nobles, excepté dans les grandes villes, c'est un objet de luxe : de là, pour toutes les classes, la nécessité de bains fréquents. Le lit, suivant le marquis de Custine, n'est pas non plus un objet de première nécessité en Russie. Le paysan couche sur des planches disposées autour d'un immense poêle, sur lesquelles est étendue de la paille. Dans les villes, même à Saint-Pétersbourg, à Moscou, des divans recouverts de cuir servent de lits. Des appartements où l'air ne pénètre qu'à de rares intervalles, pendant plus de la moitié de l'année, les nombreux domestiques s'installant sur les divans dès qu'ils le peuvent sans être surpris, rendent les maisons russes inhabitables pour les Occidentaux. Nous n'éprouvons aucune envie de faire une description réaliste des obstacles vivants que les étrangers trouvent à leur repos et à leur bien-être dans ces maisons. M. de Custine affirme que ces obstacles se retrouvent jusque dans les palais impériaux. A Saint-Pétersbourg et à Moscou il n'y a, d'après le même auteur, que deux hôtels dans lesquels on soit en sûreté contre ces hôtes repoussants; mais ces deux asiles sont interdits aux Moscovites, leur noblesse datât-elle de l'époque de Rurik.

Pour voyager en Russie, si l'on tient à se coucher, il faut emporter un lit dans ses bagages; pour s'en servir, il faut placer les pieds dans l'eau afin d'empêcher l'invasion.

Nous avons eu, en Allemagne, accès dans des familles moscovites, à des heures où les visites ordinaires n'ont pas lieu. Il est impossible, sans en avoir été témoin, de se faire une idée du désordre et de la malpropreté qu'on rencontre en pareil cas. Les maîtresses, les chambrières plus ou moins vêtues, les domestiques mâles leurs cheveux huileux collés sur les yeux ou aux tempes, présentent un spectacle des moins attrayants. Mais, ce qui répugne le plus à un Occidental, c'est une odeur complexe où le musc domine; odeur tellement prononcée qu'elle serait capable de faire reculer un zouave.

L'habillement des hommes du peuple consiste, pour l'hiver, en un caftan, longue robe persane très-ample, faite de peau de mouton ou autre fourrure commune, le poil en dedans. En été, ce caftan est le plus souvent en drap bleu, quelquefois vert, brun, gris ou chamois. Les plis de cette robe sans collet, coupée juste au col qu'elle laisse libre, forment une ample draperie serrée autour des reins par une ceinture de soie ou de laine de couleur tranchante.

Les femmes portent une robe à peu près pareille à celle des hommes, seulement elles ne la serrent pas à la taille, mais au-dessus ou au milieu du sein. Leur chaussure, dans les grandes villes ou aux environs, se compose, comme pour les hommes, de grosses bottes, ce qui ne fait qu'augmenter leur laideur. Tous les ethnographes sont d'accord, avec les voyageurs, pour constater que les femmes moscovites sont d'une laideur repoussante.

Tel est le Moscovite au physique. Ce n'est pas un tableau d'imagination que nous venons de tracer. M. Schnitzler, qu'on n'accusera pas de rabaisser la Moscovie sa seconde patrie, nous a fourni les documents les plus nombreux. C'est encore lui que nous suivrons pour esquisser les Grands-Russes au moral.

« Les Russes (Moscovites) ont, en général, peu de goût pour l'agriculture. Leur humeur inconstante et vagabonde leur fait préférer le commerce et les métiers qui exigent le moins d'efforts et offrent pourtant le plus de bénéfices. Cette observation s'applique surtout aux Grands-Russes dont le génie les porte au trafic et non au commerce proprement dit. Malgré le goût dominant des Russes pour le trafic, ils ont peu de capacité pour les spéculations en grand, et ne s'y livrent pas volontiers. On peut bien citer des exceptions partielles; mais, en somme, ils ne sont toujours guère que des trafiquants. D'une main achetant leur marchandise, ils la vendent de l'autre, n'importe que le bénéfice soit grand ou petit; ils n'ont d'autre mesure de l'avantage résultant pour eux de leur profession que le nombre de fois qu'ils ont réalisé leur capital dans l'année. Communément, ils sont peu jaloux d'établir leur crédit et de recommander leur marchandise par la confiance qu'ils auraient méritée; peu touchés de considérations de ce genre, ils vendent au plus haut prix possible des marchandises quelconques, bonnes ou mauvaises, sans songer que, dupés par eux, les consommateurs se garderont bien à l'avenir de s'y laisser prendre encore. »

Si M. Schnitzler avait voulu prouver que les Moscovites sont Touraniens, il n'aurait pas pu trouver de preuves plus frappantes que celles que contiennent les lignes que nous venons de citer. Encore n'a-t-il pas appelé les choses par leur nom; sans cela, il aurait dit carrément : le Moscovite est naturellement voleur, non-seulement dans les relations commerciales, mais dans toutes les circonstances de la vie. Au témoignage de l'empereur Nicolas, tout le monde vole en Russie, excepté le tzar et le tzarewitsch. La manière seule de voler varie. La concussion, chez les fonctionnaires de tous genres et de tous étages, est tellement répandue et si profondément enracinée, que vouloir la réprimer serait une entreprise au-dessus des forces de l'autocrate. Dans l'armée, les généraux, les colonels produisent de faux états de troupes et de chevaux. Les officiers subalternes volent aux soldats leur nourriture, et ceux-ci, pour ne pas mourir de faim, volent partout où ils peuvent. S'ils sont pris sur le fait, ils reçoivent le knout non pour avoir volé, mais comme autrefois à Lacédémone, pour s'être laissé prendre. Qu'on nous permette de citer un fait que nous pouvons garantir; il nous a été communiqué par l'abbé P., chapelains en 1839, de l'archevêque de Varsovie. Le prince Paskewitsch avait fait doubler la garde d'honneur établie au palais archiépiscopal. Dans tout autre pays, une semblable mesure serait regardée comme une garantie de sécurité. Mais, une garde composée de soldats moscovites destinés à veiller sur les personnes et la propriété est un tel danger pour cette dernière, que dès le lendemain, l'archevêque fut forcé d'augmenter le personnel de ses domestiques polonais, d'autant d'hommes que la garde d'honneur en avait reçu de plus. S'il avait pris fantaisie au prince Paskewitsch de mettre de garde une compagnie ou un bataillon au palais de l'archevêque, celui-ci aurait été ruiné ou sa maison dévalisée.

Le paysan moscovite, pour justifier ou au moins excuser le vol, a coutume de dire : Si notre Seigneur Jésus-Christ n'avait pas les mains percées de clous, il volerait comme tout le monde.

N'y a-t-il pas une étroite liaison entre le vol et la vie nomade? Il est bien permis de l'affirmer, si l'on jette les yeux sur les Bohémiens, les Juifs, les Kosaks et tant d'autres. L'autocratie et le communisme ont entre eux d'étroits rapports. Le communisme doit, en dernière analyse, excuser le vol, ou pour mieux dire, dans le communisme il n'y a plus de vol.

On croit généralement dans notre Occident que ce peuple moscovite est un peuple naïf, bon, primitif. Les publicistes allemands et moscovites n'ont pas peu contribué à répandre cette croyance. Nous ne pouvons les croire sur parole, lorsque nous entendons Pierre Ier dire : « Il faut trois juifs pour tromper un Russe. » M. Schnitzler, que nous aimons à citer, dit à son tour en parlant de ces hommes, qu'ailleurs il dépeint comme insouciants, gais, toujours chantants : « La finesse des Grands-Russes, dans les relations commerciales, ne le cède en aucune manière à celle des enfants d'Israël. Comme ceux-ci, tous les moyens leur sont bons pour satisfaire leur amour du lucre; ils aiment à amasser. »

« Mentir, en Russie, c'est faire acte de bon citoyen; dire la vérité, même sur les choses les plus indifférentes en apparence, c'est conspirer.

Vous perdez la faveur de l'empereur si vous avouez qu'il est enrhumé du cerveau. La vérité ! voilà l'ennemi, voilà la révolution ; le mensonge ! voilà le repos, le bon ordre, l'ami de la constitution ; voilà le vrai patriote (1). »

Rien n'étant plus éloquent que les chiffres, nous allons présenter un tableau résumé de l'état de l'instruction en Moscovie. Nous sommes redevables de ce document à M. Duchinski (de Kiew), qui a bien voulu nous communiquer les épreuves d'un ouvrage résumant le cours qu'il a fait au *Cercle des Sociétés Savantes*, pendant les années 1861 et 1862. Il sera facile après l'examen de ce tableau, de se faire une idée exacte du degré de culture intellectuelle auquel le peuple moscovite est arrivé en 1856.

	HABITANTS	ÉCOLES	ÉLÈVES	UNE ÉCOLE pour	UN ÉLÈVE pour
Gouvernements de la Grande-Russie, y compris les gouvernements d'Olonetz, Archangel, Novgorod, Pskow, Smolensk, Kalouga, Orel et Koursk..................	36,000,000	3,464	244,680	10,424	147.57
Mer Baltique : Saint-Pétersbourg, Esthonie, Livonie, Courlande...	2,800,000	2,008	87,407	1,382	31.75
Gouvernements occidentaux, provinces polonaises de l'empire russe : Mohilew, Witebsk, Wilno, Kowno, Grodno, Podolie et Minsk.	8,500,000	1,049	30,597	8,089	277.30
Petite-Russie : Kiew, Tschernigow, Pultawa, Charkow..............	6,500,000	603	31,916	10,779	202.47
Nouvelle-Russie : Ekaterinoslaw, Tauride, Cherson, Bessarabie...	4,000,000	717	38,289	5,263	98.55
Lieutenance du Caucase...........	2,500,000	74	5,505	39,284	528.06
Gouvernements de Sibérie........	3,000,000	312	11,608	10,764	289.04
Pour tout l'empire...........	63,300,000	8,227	450,002	7,763	140.66

Nous n'étonnerons personne maintenant, en avançant que les Moscovites sont superstitieux. L'ignorance et la superstition sont deux compagnes inséparables. Les hautes classes, quoique plus éclairées, partagent en cela la faiblesse du peuple. On aime, en Moscovie, les devins et les diseurs de bonne aventure. On se fait interpréter les songes ; on craint à l'excès les mauvais augures ou l'influence d'un mauvais regard ; certains jours de la semaine, l'on se garderait bien de rien entreprendre d'important ; une salière renversée ou une treizième personne à table effrayerait toutes les imaginations. Un flambeau de trop ou la rencontre d'un moine dérange tous les projets.

Un point digne de remarque, dans le tableau qui précède, c'est le degré d'abaissement dans lequel est tombée l'instruction dans les provinces polonaises incorporées à l'empire moscovite. Comment des populations slaves, indo-européennes, participant à la civilisation germano-latine, sont-elles si arriérées dans le domaine de l'instruction ? La réponse à cette question est facile. La Moscovie, depuis 1793, mais surtout depuis 1831, emploie tous les moyens pour détruire ou étouffer l'instruction dans ces malheureuses provinces. Les efforts du gouvernement des tzars se sont surtout tournés contre le latin et le polonais. M. de Maistre a dit que l'Europe finit où finit

(1) M. de Custine

la civilisation latine, et les Moscovites, en vrais Touraniens, ont montré
une haine acharnée contre les études latines. Non-seulement les Universités
de Vilna et de Varsovie furent suprimées; presque tous les gymnases eurent
le même sort. On peut se faire une idée du niveau des études classiques
qu'on substitua à celui qui existait autrefois, quand on saura que les élèves
de rhétorique des gymnases d'aujourd'hui ne sont pas à même de traduire
des auteurs latins que des élèves de cinquième traduisent facilement en
Allemagne de même qu'en France. Les raisons d'exclusion du latin sont
d'une part la haine des Moscovites pour les doctrines de l'Eglise romaine
et pour les caractères de la civilisation germano-latine, et d'un autre côté,
une crainte bien motivée de l'influence que les grands penseurs de Rome
pourraient exercer sur les esprits des élèves, Cicéron, Tacite sont, en effet,
de mauvais maîtres pour des âmes destinées à aimer, servir et adorer le
despotisme incarné dans la personne d'un tzar tout-puissant au temporel
et au spirituel.

Jusqu'à nos jours, la Moscovie n'a pas produit un seul philosophe. Les
écrivains se comptent par un ou deux à chaque génération; les artistes
sont comme les écrivains; leur petit nombre les fait estimer; mais si leur
rareté sert à leur fortune personnelle, elle nuit à leur influence sociale.

Le Moscovite, au moral comme au physique, porte toutes les marques
de son origine touranienne : penchans très-prononcés pour la vie nomade,
le communisme, le vol, l'ignorance, la superstition, le mensonge. Il faut
donc désespérer de les voir entrer dans la famille des peuples indo-européens.

Comment d'autre part peuvent-ils prétendre, avec leurs mœurs bonnes
à civiliser les Boukares et les Kirghises, gouverner et s'assimiler une nation,
de dix-huit millions d'âmes qui a parcouru toutes les phases de la civilisation occidentale? Non, jamais les successeurs des Khans, malgré la civilisation d'emprunt imposée par Pierre Ier, ne parviendront à arracher du cœur
des Polonais, leur amour de la foi catholique, leur attachement à leur
langue nationale. Les trente années de persécutions, qui viennent de s'écou-
ler, n'ont fait que fortifier la juste répulsion des Slaves polonais, ruthéniens,
et lithuaniens pour leurs oppresseurs. En vain la sainte orthodoxie a-t-elle
employé tour à tour les supplices, les flatteries, les honneurs; ce n'est que
de nom qu'elle a rangé, sous ses lois, les malheureux Uniates trahis par
leurs premiers pasteurs. La sainte Russie ne fait de conversion qu'au moyen
des baïonnettes, du knout ou des roubles.

Ce nom de sainte Russie, que le gouvernement moscovite aime à employer
dans toutes les occasions un peu importantes, serait vraiment comique, si
tant de souvenirs sanglants ne se rattachaient aux annales de ce pays.

Le titre de sainte Moscovie rappelle involontairement à l'esprit la quali-
fication de saints que prennent les Musulmans pour leur religion et leur
pays. Les Moscovites sont saints à la façon des vrais croyants, qui traitent
les chrétiens de chiens. Si l'ignorance, la superstition, le mensonge, la barbarie sont des titres à la sainteté, certes aucun pays ne peut en produire autant
que la Moscovie.

Il faut vraiment s'étonner que l'Europe, pendant près de cinquante ans,
ait souffert que les tzars, successeurs des Khans de Saraï, imposas-
sent leur volonté à l'Occident. Cet Occident en est-il donc au point où l'empire romain se trouvait au ive siècle? A-t-il besoin de se retremper dans les
hordes d'une nouvelle invasion? L'Allemagne attend-elle les Moscovites
touraniens pour apprendre d'eux à marcher dans la voie des sciences et du
progrès? La vieille Angleterre abuse-t-elle de son antique liberté au point
d'avoir besoin des redressements du tzar autocrate? Le prince qui conduit
les destinées de la France ne s'appelle-t-il pas Napoléon III? A quel titre re-
vendiquez-vous la prépondérance dans les affaires européennes? Vous
n'êtes entrés dans la famille politique de l'Europe qu'au moyen de titres
usurpés. En vain avez-vous pris les dehors de notre civilisation; ce n'est pas

en rasant les hommes qu'on les civilise. Vous n'habitez pas en Europe, vous ne faites qu'y camper.

Ce que vous avez emprunté à la civilisation occidentale en expérience, vous l'avez mis à la disposition du despotisme de l'Orient. Notre discipline aide et soutient la tyrannie asiatique; la police, vous l'employez à cacher la barbarie pour la perpétuer au lieu de l'étouffer.

L'Europe occidentale ne vous veut pas à ses portes; elle a, de la Vistule au Dniéper et à la Duna, des frères d'origine qu'elle ne vous permettra pas d'exterminer jusqu'au dernier. Ces frères sont les descendants des compagnons de Sobieski, qui ont arrêté l'invasion des Turcs. Tôt ou tard ils vous arrêteront, ou plutôt ils vous arrêtent depuis cinquante ans. Il faudrait douter de la providence de Dieu, si ces dix-huit millions de Polonais devaient succomber sous vos coups.

Les diplomates moscovites cherchent en vain à faire prendre le change à l'opinion publique en Europe, en attribuant aux idées révolutionnaires le mouvement national polonais.

Ce mouvement a ses causes ailleurs; causes tellement inhérentes au caractère, à l'origine et à la civilisation des Polonais, que les Moscovites, vainqueurs de l'insurrection actuelle, n'auront gagné qu'un repos temporaire. Dans vingt-cinq ou trente ans, ils auront à en combattre une plus formidable. Non, les efforts d'une nation entière cherchant à échapper aux persécutions de ses tyrans, n'ont rien de révolutionnaire. La révolution, en Europe, c'est la Moscovie avec sa politique envahissante. Partout, aujourd'hui, les nations ont des gouvernements de leur choix. Pourquoi les Polonais, les Lithuaniens, les Ruthènes seraient-ils seuls condamnés à subir le joug de leurs tyrans moscovites? L'ordre règne partout en Europe parce que, comme en Moscovie, les lois n'y sont pas un vain mot ou les complices du despotisme. Mais, on ne peut se le dissimuler, ce despotisme, qui semble se considérer comme le palladium de l'ordre et de la légitimité en Europe repose sur les bases les plus fragiles. Pierre III, empoisonné sur les ordres de sa femme Catherine II, par les deux Orloff; Paul Ier, étranglé par les Pahlen, Béningsen, les Zouboff; Alexandre Ier, mourant d'une maladie subite et mystérieuse ont fait place, sans des crises trop violentes, à des successeurs qui les ont toujours égalés et quelquefois dépassés dans les excès du despotisme; mais il pourra venir un temps où la majorité des populations touraniennes se trouvera lasse du despotisme flanqué des dehors de la civilisation occidentale. Quinze millions de Raskolniks voient, dans le tzar prenant le nom d'empereur, le représentant de l'Antéchrist. Le nombre de ces sectaires va en augmentant tous les jours, et toutes leurs aspirations sont dirigées vers la Moscovie d'avant Pierre Ier.

Un gouvernement, qui n'a sous son autorité que des populations indo-européennes en lutte continuelle avec lui depuis bientôt un siècle, ou des hordes touraniennes, ne fait partie de la famille européenne que de nom. Si l'Europe occidentale ne la contraint à rentrer dans ses limites naturelles, en aidant la Pologne à se reconstituer, la Moscovie, après avoir anéanti jusqu'au nom polonais, aura ses têtes de colonnes sur l'Oder. Il n'a fallu que quatre-vingt-dix ans aux tzars pour s'avancer des bords du Dniéper et de la Duna jusqu'aux frontières de la Silésie et de la Bohême.

La moitié de cet espace de temps leur suffira peut-être pour s'avancer jusqu'au Rhin.

15 Octobre 1863.

FIN.

PARIS. — TYPOGRAPHIE ET LITHOGRAPHIE RENOU ET MAULDE, RUE DE RIVOLI.